了不起的关键冲突

THE GOOD FIGHT

LIANE DAVEY

[加拿大] 利亚纳·达韦——著　赵静文——译

中国友谊出版公司

图书在版编目（CIP）数据

了不起的关键冲突 / (加) 利亚纳·达韦著；赵静文译 . — 北京：中国友谊出版公司，2021.4
书名原文：The good fight
ISBN 978-7-5057-5179-8

Ⅰ . ①了… Ⅱ . ①利… ②赵… Ⅲ . ①企业管理—组织管理学 Ⅳ . ① F272.9

中国版本图书馆 CIP 数据核字 (2021) 第 043067 号

著作权合同登记号 图字：01-2021-0978

书名	**了不起的关键冲突**
作者	［加拿大］利亚纳·达韦
译者	赵静文
出版	中国友谊出版公司
发行	中国友谊出版公司
经销	新华书店
印刷	天津旭丰源印刷有限公司
规格	880 × 1230 毫米 32 开
	8.75 印张 157 千字
版次	2021 年 4 月第 1 版
印次	2021 年 4 月第 1 次印刷
书号	ISBN 978-7-5057-5179-8
定价	49.80 元
地址	北京市朝阳区西坝河南里 17 号楼
邮编	100028
电话	（010）64678009

如发现图书质量问题，可联系调换。质量投诉电话：010-82069336

献给克雷格、基拉和麦克——

你们是值得让我为之奋斗的人

本书赞誉

“利亚纳·达韦在这本精彩的书中向大家传递了一个全新的信息：冲突是有益的。它能提高绩效，帮助团队更团结，让职场生活更丰富。最重要的是如何利用冲突来解决工作中棘手的问题，做出艰难的决定。如果你认为自己的团队死气沉沉，或许你们需要掀起一场冲突——当然是良性冲突。”

——丹尼尔·H. 平克，《驱动力》作者

“利亚纳·达韦一直是公司管理层的秘密武器。有了这本书，任何领导者都可以学习如何让自己的团队摆脱困境，再次团结协作。通过幽默风趣的语言和真实的案例，利亚纳向我们展示了即使是最为冲突逃避型的领导者，也能使用高效冲突解决那些阻碍自己进步的问题。别再烦恼冲突了，现在就开始使用她的方法吧！”

——肖恩·莱登，索尼互动娱乐全球工作室总裁

“对于大部分领导者和团队来说，冲突都是他们唯恐避之不及的。但事实上，冲突是促进理解、鼓励参与、促进成功的道路。达韦通过实际的案例和话术，告诉我们如何让冲突成为队友，而非对手。我向所有的团队领导者推荐这本书，希望让大家把健康的冲突当作日常工作的一部分，这是我们早该着手去做的一件事。”

——马拉·戈特沙尔克，行业/组织领域心理学家，领英网意见领袖

“本书是各个领域领导者的必备书，帮助你预防不良冲突的发生。利用达韦在书中介绍的实际可上手的流程，你可以让团队成员卸下自我意识，解决冲突，让公司回到正轨。”

——希·维克曼，戏剧研究者，纽约时报畅销书《零自我》作者，“从现实出发领导力”创始人

“不管你所领导的是 10 个人还是 1 万个人，最佳解决方案总是出现在大家畅所欲言，甚至是站出来质疑现状的时候。在这本书中，达韦向各位领导者展示了如何能够帮助团队培养起良性高效的冲突，让团队成员以最好的状态全身心地投入到组织中。”

——霍华德·毕哈，星巴克国际前总裁，《一切与咖啡无关》作者

“冲突所带来的痛苦，我们可以即刻感受到。但是回避冲突所带来的痛苦却是无形的。在这本书中，利亚纳·达韦教会我们如何在不引发爆炸的情况下排出毒气。”

——金·史考特，《彻底坦率》作者

“与八个兄弟姐妹一起长大的我，总是被妈妈教育说：‘面对冲突，用语言去解决，而不是用拳头。’这一建议不仅帮我逃离了麻烦，还让我在有话该说的时候丝毫不退缩。高效冲突计划开始了！在利亚纳·达韦的这本书中，她根据自己过去 25 年团队建设的经验告诉我们如何以正确的方式去解决冲突——直面迎上！她所提供的技巧实用、目的明确并且非常机智，能够帮我们创造良性冲突，在团队内培养信任，提高底线！非常好的一本书！”

——大卫·M.R. 柯维，《如何识别人生陷阱》作者

目录

引言

很高兴认识你。

在这本书中，我们将要深入地聊一聊人际关系与沟通，所以不如先从了解彼此开始吧。

我先来。我叫利亚纳，是一位咨询师，帮助团队提高效率。我研究团队，特别是如何提高团队效率已经25年了，这早已成为我的职业热情，而我对于团队如何协作（以及如何失败）的兴趣可以回溯到小学。

我的六年级的老师费伊女士布置了一份作业，让我们创建自己的加勒比海国家。这是一项工程很大的作业，涵盖了地理、社会科学、语言和数学，甚至还涉及了艺术——学生们需要自己创作国歌和国旗。这正好是我擅长的，直到现在我还是非常喜欢多任务处理。

但唯一的问题是，这是一项小组作业，和我一组的还有其他两位同学。我马上意识到，我没有办法百分之百地遵从自己的心意了。在筹备活动刚开始时，队友就明确地说他们希望潦草应付，但我的计划是用纸张模型建一个 3D 地图，这个想法对他们来说太有挑战了。12 岁的我，早早地体会到团队合作的困难。

我有两个选择：要么自己承担大部分工作，确保最终的结果符合我的标准；要么就是每人都草草地做一点工作，拿一样的低分。前者可以让我拿到心仪的分数，但也意味着巨大的工作量。即使在当时的年纪，我也是有情绪的——所有的作业都由我来做，其他组员和我拿一样的成绩，这怎么会公平呢？后者从工作量上来说，的确是公平的，但被迫接受低分并不是我想要的！最后，我决心拼尽全力也要拿到高分。

当和别人聊到这个故事时，很多人也分享了自己类似的经历。不管情况是出现在小学、童子军时期，还是外宿营地、第一堂 MBA 课堂或者是某一天的工作中，每个人都经历过糟透了的团队合作。第一次和差劲的团队合作时，大部分人和我一样面临着两难选择：要么自己扛住，拿到理想成绩；要么忍受平分工作带来的糟糕结果。

1993 年，我把自己对团队工作的兴趣正式转变为职业规划，想看看在上述情境时能不能找到第三个选项。我拿到了组织心理学（也就是职场行为研究学）的博士学位。我的论文研究关注团队动力如何影响创新力，之后的研究重点主要在于如何实现高效率的团队合作。其实从小学六年级开始，我就确信已经找到了第三个选项：冲突。通过冲突让团队发展得更好——更好的想法、更好的决定、更好的执行和更好的结果。**问题在于，虽然冲突可以改善团队合作的核心，但是在过去 25 年的研究及为团队提供咨询的过程中，我一次又一次地发现：人们抗拒冲突。**

这就是我的故事。我希望能够通过自己的工作，帮助人们克服厌恶冲突的心理，巧妙利用良性冲突。以上就是我的自我介绍。现在到你了。

我来猜猜看。你是工作中的佼佼者，能力很强。因为强大、高效的执行力，你已经得到多次晋升。你独立自主，不畏惧高强度的工作。但最近，你却发现工作越来越难做。很多任务需要你和其他工作能力欠缺的同事一起完成，又或许其他人的工作优先级排序和你的排序不一致，特别是在和跨部门的团队一起合作时，所有成员都有不同的任务，团队合作难以高效推进。

你常常思考合作中出现的问题，但又找不到和平解决问题的方法。毕竟谁都不想因为工作闹得不愉快！在完全避免办公室冲突的情况下完成任务已经很有难度了，更不用说你还试着提出反对意见。但闭口不谈也无法解决问题，所以你决定去冒一下险。

你相信肯定有办法能够让大家统一工作的优先级，把精力往一处使，也一定有一个正确的方向——简单的任务清单就能带来最大化的改变。你相信肯定有办法平衡好太过积极和太过消极的成员的意见，甚至是那些被动攻击型（passive-agressive）的同事——他们会不断腐蚀成员间的信任。你相信肯定有办法减少低效的团队工作，让一切走上正轨。

确实有办法。以上所有问题的答案就是开启良性冲突，而这本书将教你如何去做。

在第一部分，我们将关注商业案例中的冲突。从各种逃避冲突的办法、阻碍业务发展的决定、导致团队低效的因素，以及让人倍感压力的事情开始。首先，将会讨论“冲突债”这个概念，也就是当人们选择回避本应解决的冲突后所欠下的“债务”；其次，分析人们逃避冲突的心理；最后为大家介绍面对冲突的全新思路——将冲突看作有利于维护底线、改善人际关系和压力状况的工具。

在第二部分，我们将关注高效的冲突机制。首先，你将了解如何主动建立沟通，如何培养和同事间的信任；其次，你将学习到将对手转化为队友的沟通技巧；最后，你将会了解如何减少低效或者无益的冲突，并寻求解决方法。你会发现大部分的冲突都是可以避免的，而对于那些无法避免的冲突，我们也能将其变得更有成效，将负面影响减到最小。

在第三部分，我们将探讨如何使冲突系统化，让其成为日常工作中的一部分。首先，通过明确预期、统一意见及降低误解的方式，来避免大部分的冲突；其次，将探讨如何使团队中常见的冲突正常化，保证讨论的重点聚焦在业务问题而非人身攻击；最后，我们将介绍一系列帮助团队确立良性冲突习惯的技巧。

在附加章节中，我们将用新学到的高效冲突技巧来处理最重要的关系：家庭关系。这一部分将谈到高效冲突在一段健康关系中的角色，以及我们有责任为家庭中的后代树立榜样。我们还会涉及家庭之外的关系，例如，如何将高效冲突运用在志愿者团队和社区当中。

在这本书里，我将与你分享客户案例（已修改敏感信息）以及他们是如何使用高效冲突的方法实现盈利，且更具有创新力的，团队间信任度更高、更有趣，个人生活就更健康、压力更小。当然，我也会讲述自己的故事，告诉你我是如何学会并运用高效冲突技巧的。

很高兴你也加入了我们。

[第一部分]

识别冲突

从商业案例开始

第1章

冲突债

这是一个阳光明媚的周六早晨，时间刚过早上 8 点钟，一队医生正坐在一家豪华私人俱乐部会议室的桃花心木桌旁。俱乐部里的其他人都在打网球或者享受班尼迪克蛋。我们却挤在这间会议室里，讨论着医生们鲜有起色的医疗业务。我受聘帮他们解决问题，让工作重回正轨。

医生们讲话不多，甚至几乎没有任何眼神交流。大家都是被迫牺牲了一个休息日，不得不出席的。显然，每个人都本可以有其他的安排。为什么讨论几个与工作相关的问题这么难呢？又不是脑部手术！实际上对于其中几个参会者来说，做一个脑部手术要比带领一个 50 人的团队容易多了。

整个会议的走向并没有好转，反而更糟糕了。在上午的茶歇之前，我们谈到了整个团队在过去几个月当中都避之不及的问题。我的脑海中响起了《我们去捕熊》这首儿歌，就是那句歌词：“你跨不过去，你迈不过去，你必须解决它！” 所以我插手了，但显然还有人没做好准备。其中一位医生非常生气，她合上笔记本，说出了自己的想法，之后夺门而出。活动的组织方之一，一位合伙人出门去追，但这位医生拒绝回到会议室中。

茶歇之后，两位女性合伙人在卫生间中拦住我，拜托我将另外一个尚未提及的敏感话题提上桌面：不公平的轮班分配。她们在卫生间的隔板后面向我讲述了过去 10 年中所有不合理的排班安排。而等在女卫生间外面的男合伙人们，不得不借助于长短信的方式，来向我讲述其他这样那样的棘手问题。

在几个小时的交流后，我发现了问题所在。午饭后，我分享了自己的诊断结果：“你们需要更多冲突。”

什么？所有人面面相觑，表情疑惑。**更多的冲突？**他们怎么也想不到我会这么说。不过从积极的一面来看，至少我让他们之间有了眼神交流。在最微不足道的决定上团队成员都已经很难抉择了，还要有更多的冲突吗？每次开会都像是一杯混杂了焦虑、愤怒、愧疚和沮丧的鸡尾酒。他们怎么可能还需要更多的冲突？

他们意识不到，之所以会一直被消极情绪困扰，正是因为他们不愿意去面对消极情绪。一直回避会让自己感到愤怒、愧疚和沮丧的话题，就永远无法解脱。正如温斯顿·丘吉尔的名言："如果你正在地狱之中，就继续往前走吧。"尚未解决的问题已经存在不止几周或几个月，而是几年的时间了。**他们一直在敏感问题的周围试探，却从未想过真正解决它。**

冲突的重要性

逃避冲突的不是只有这些医生而已，我们一直以来的观念是，冲突是不好的。如果要建立一个健康的团队，应尽量避免冲突。传统看法认为，冲突不利于提高效率，反而会有损于团队成员间的信任和敬业度。但是，很抱歉，这样的理解恰恰和真正的团队运作方式相反：**冲突不仅不会给团队带来危害，反而正是其根基所在。**在确保顾客、股东和员工的利益基础上，从不同意见中找出解决方案，是上至董事会下至销售层所有人必备的日常基本能力。冲突存在于团队中的每个环节——战略策划、资源配置、产品设计、人才管理，等等。团队合作的任何一环都少不了冲突。

遗憾的是，冲突并未得到正视。团队需要冲突，而人们却在逃避冲突。我们避免、推迟、闪躲、逃避、抗拒冲突，唯独没有

团队需要

◆◆ **冲突** ◆◆

人们却选择

› **逃避** ‹

结果就是

≡ **冲突债** ≡

认真处理冲突，使之更好地帮助团队进步，最终导致的结果就是冲突债。

冲突债是什么

冲突债，指的是所有应该被解决的事项都被高高挂起，无人问津。它可以简单到是一个忘记随手给出的反馈，也可以复杂到是处于竞争不利的状况下的战略决策。

这些医生正身处冲突债中。在每次应该正面解决问题时，他们反而步步后退。在听我提到“冲突债”这一概念时，有位医生点了点头，讽刺地笑笑说：“我把它归类在‘太难了’文件夹。”在我看来，他迈出了这一步！这位医生将大家一直刻意回避的问题归类进“太难了”文件夹，现在这里早已堆积如山，每一条通往成功的大道上，都有一个团队不愿共同讨论的议题作为拦路虎，挡在中间。

想要了解冲突债的来源，我们就要先从金钱债务开始。当我们使用信用卡去购买自己本无力支付的商品时，就会深陷在金钱债务中。你想要，或者说迫切需要某件东西，但又因价格昂贵而暂时无力支付时，就会使用信用卡。你会安慰自己说，等有钱了一定第一时间还上。但结果很有可能就像 65% 的美国信用卡持有者一样，[1] 月复一月地负债，最终难以还上信用卡。

同理，冲突债也是这样积累起来的。面对棘手问题时选择拖延，还跟自己承诺，等不忙了或头脑清醒了（换句话说，等猪会上树、铁树开花了）再回来解决。你给自己留足了时间和退路。但随着时间流逝，你没有采取任何实质性的解决措施，问题却越来越棘手，矛盾也越来越深。突然之间，自己已经深陷在冲突债务中，慌张、焦虑，试图躲避问题，甚至刻意避开同事以免这个问题被提起。（你是否曾在办公室里绕道走，以免撞见不开心的同事？）虽然回避冲突能带来暂时的开心，但最终还是会因为工作无进展而感到失落，更不用提面对因自己导致的工作僵局时所产生的愧疚了。冲突债让人失落。

除了回避问题本身会引发冲突债务之外，回避反对意见也会。虽然有人提出了异议，但人们却在讨论中排除了异见者，留在身边的都是与自己持相同观点的人。你只看到了讨论是如此顺利且富有成效，骗自己说这些方案在异见者那里也能顺利实施。但是，你可以假装反对意见不存在，而不能让其真正消失。当反对者一票否决了方案，或者等其彻底失败时，你会发现，其实反对的声音一直都在。

导致冲突债务的第三种可能是逃避分歧。即使在讨论棘手话题时，如果一直回避冲突中最激烈的核心部分，也无法解决问题。当你在讨论中有意或者无意地提出不能让反对意见影响了正常讨论，这时冲突债就开始累积了。我曾见过很多类似案例。很多时候，正当讨论方向小心地向核心问题靠近时，就会有人建议“私下商定”，避免冲突。所有人都面带微笑，就好像他们真的会私下讨论，让一切重回正轨似的。分歧回避会引发冲突债务。

以上几种回避冲突的情况，我都经历过。我曾是一位资深的冲突回避型人士，不断地用这样那样的谎言说服自己回避冲突是正确的。我推迟了重要的讨论，安慰自己说搁置一段时间后再讨论肯定会没那么难；我把异见者排斥在外，认为这不过是在为自己的计划争取时间；我终止了不愉快的讨论，但仍然把这一任务打钩，假装自己的想法已经通过了讨论。你是否也曾刻意回避公司要求你去处理的冲突呢？如果答案是肯定的，那么你其实是在给公司、团队和你自己惹麻烦。

工作中的冲突债

冲突债可阻碍公司的发展，且形式多种多样。具体的表现方式有哪些？以下是一些常见案例。

失败的优先级排序

在我看来，对团队伤害最大的冲突债是未能进行优先级排序，这也是所有的冲突债务中最为常见的一种形式。[2]①公司现在推进的项目很可能已经超过了时间或资源的允许，但是没人指出来，哪一项应该推进、哪一项应该推延、哪一项应该彻底叫停。当然不会有人站出来！做出这样的决定，就意味着领导者会把某个项目、部门或个人放到其他人的对立面，冲突很可能因此而起。所以他们不愿意花时间研究出工作重点，而是一级级地把这项工作推向下属。优先级仍然需要规划，只是这项工作被下放了，最后还是要有人来决定优先做哪件事——很可能就是你。

某家大型连锁零售公司的高层团队就在这件事上得到了惨痛教训。领导者们都非常努力，远大的雄心让他们低估了优先级排序的重要性。团队一直都在蒙蔽自己，盲目地认为他们能够（也必须！）同时完成所有任务。最终，地产、财务和企业社会责任

---

① 在《哈佛商业评论》中对来自 250 家公司的 8000 名经理进行的一项研究令人震惊。该结果显示，极少有公司明确优先处理事项。只有 11%的人表示，他们的战略重点具备成功所需的资源，而 51%的人表示，在寻求战略目标以外的机会时他们同样可以获得资源。该研究还表明，面对优先级的变化，组织的反应不够敏捷。只有 30%的管理人员表示，资金可以在各部门之间调配来支持战略发展，而更少的受访者（20%）表示，人员可在各个部门之间调配。来源请见书后参考文献 2。——译者注

部门的主管同时下发任务，要求收银员在柜台完成——本应由管理层决定出优先级规划，但事实上他们却不愿意就哪个项目展开更有价值的讨论，于是让三者同时进行。

优先级之间的矛盾没有因为高管的忽视而消失，只是转移给了下级。运营部主任本有机会解决，但她无权单方面取消其他部门的项目，也没兴趣参与一场铁定充满了冲突的讨论。所以，这场本应发生在公司高层之间的冲突，不断地被转移到下级，直到最终落在了收银员的头上。

当顾客来到收银台时，这一问题终于无法再拖延了。收银员必须决定出优先级排序。设身处地地想象一下她的困境吧！地产团队要求你询问顾客的邮编号码，方便自己规划新店选址；财务部门推出了一款商店信用卡，希望你来推广；公司社会责任团队则希望你邀请顾客为儿童慈善基金捐款。

摆在你面前的，是四位等待结账的顾客。他们推着满满的购物车，表现出了不耐烦：买东西的人焦躁地晃来晃去、小孩子发起了牢骚、家长们不停地看表。而在你脑海中浮现的，则是门店后排的业绩板，上面显示着你在轮班期间咨询了多少邮政编码、收到了多少信用卡申请、拿到了多少捐款。你知道如果努力完成这些指标，顾客的购物体验打分就会降低，**而门店经理看到这一指标又会大发雷霆！**于是你根据可能出现的结果对任务进行优先级排序：先努力安抚顾客，再看看哪一项任务最好完成。慈善捐款比邮政编码更重要吗？是向顾客提出一个问题比较好，还是两个，或者三个？为了收集这些信息而冒着惹怒顾客的风险，值不值得？但这些决定本不应该由一个收银员去做。

管理层欠下的冲突债务却要由基层员工来承担，导致最后由一个不了解全局的人盲目制定最终决议。领导没有实现优先级排序，就会将冲突债级级向下传递。在上面的案例中，管理层的债务最终是由收银员和顾客偿还的。

除了员工和顾客在为冲突回避的管理者们买单之外，研究还表明，股东也是冲突债的买单者之一。在一项由高端猎头公司 ghSmart 组织的长期研究[3]中显示，CEO 能否在长期内保持成功的首要预测指标就是：在尚未明朗的情况下，他是否有更快、更早、更坚定地做出决定的意愿。在这项研究中，被形容为“有决策力”的人是其他人领导经济效益好的公司的可能性的 12 倍。还有一个有趣的事实：**因为没有做出任何决定而被公司开除的 CEO 的数量，是那些因做出错误决定而被开除的 CEO 数量的 2 倍**。得知这些缺乏决策力、背负着冲突债的主管因为没有对优先级进行排序而付出了代价，我还是很欣慰的。

创新筒仓[1]

妨碍团队进步的冲突债，并不只有失败的优先级排序这一种形式。冲突回避型团队文化所忽视的是，不同部门之间激烈的讨论，有时反而能带来新的观点。不要被其表面的激烈状态吓到！不同部门的员工处理事情的方式不同，或支持不同的利益相关方，这都很正常。如果员工在讨论中情绪激昂，或因为自己的观点未得到重视而受挫甚至发怒，都是可以理解的。领导者通常回避冲突，然而，他们所绕开的往往是能激发创新的冲突。

在部分案例中，选择逃避只会推迟冲突。我曾和一个工程团队合作，他们埋头苦干，研究出了一个小发明。团队成员认为，如果不把市场部和销售部牵扯进来，避免其他声音的干扰，工作进程将会更快。于是这个团队关起门来，没有把这一项目的信息透露给任何人。他们不想听到别人对早期项目的意见，认为这会影响自己的进度和效率，并且心理暗示说，这只是明智地利用其他部门的时间。但事实上，他们只是在努力逃避冲突。这个方法没有奏效，反而掩盖了这一概念本身就有缺陷的事实。最终，市场部和销售部告知工程团队，他们不会安排任何人力和预算来销

① 筒仓思维：指各部门相互独立，缺乏沟通。——译者注

售这款产品。我想，如果销售部、市场部和工程师们在一开始就碰头讨论，或许这个小发明的想法最终能成为一款有用的产品。

当你身处在一个冲突回避型文化中，所有人都对争议话题避而远之，却忘了这正可以为创新提供必要条件。这样下去的结果就是一切照旧，不会带来任何新点子、好创意。当然，封闭的团队内部也会有进步，但磨合不同观点，实现前所未有的创新，这样的机会绝不会凭空出现。你的公司是否也有舒适安全的筒仓，一方面抵御冲突，另一方面也阻碍着创新呢？

潜在风险

冲突回避型团队文化的另一个影响不太明显，但代价昂贵：没有冲突，就几乎无法识别和化解风险。在部分案例中，领导者出于创作的自豪感，拒绝接受不同的声音。更多人并不认为这是自满，而是实事求是。团队局势不利，艰难地为即将到来的最后期限准备着，天真地（或许没那么天真）祈祷着一切顺利，没时间再去听那些可能耽误进度的反对意见了。

计划需要交给旁观者进行客观审视，但这往往也是人们在项目中投入了巨大的时间和心血之后最不愿做的事，因此很容易相信一些夸大宣传。在商学院的案例中，有很多公司都是在大意忽视了危机预警之后走向了失败的。回避能帮助暴露计划缺陷的冲突也是冲突债的一种形式。

回避潜在的批评意见，这种做法在公司内并不少见，随之而来的还有风险及公司的合规团队（确保公司符合法律法规的规定，保证公司安全的团队）。我曾经和一家大型银行的国际财富管理团队合作，其主要业务是通过促进北美之外市场的管理资产200% 的增长，来实现全球资产组合的多元化。这个团队常需要做出艰难的选择：哪些国家要被定为目标市场、哪些国家要被放弃。有些国家增长势头强劲，但经济或政治局势不稳。擅长这一领域的风险管控团队应参与决策中。但事实上，财富团队负责人对是否要让风控这群家伙加入而犹豫不决，称风控团队的负责人是“业务阻拦部的副总”，对他来说，唯一安全的方案就是干脆什么都不卖。在选择安全的业务市场这一问题上，财富团队躲避了与风控团队之间可能出现的冲突，也就是说，他们宁愿在市场发展上栽跟头，也不愿去听公司内部的意见。

不管是何种形式的冲突债务，都会让团队产生巨大的消耗。逃避审查过程中的压力测试只能让队伍在风险面前更加不堪一击。躲在筒仓中的团队切断了创新的源泉，想法会更单一，而失败的优先级排序只能让你的资源分配不集中，难以带来实质上的影响。

利息

冲突债务会带来高昂的直接代价，但其间接代价更残酷。当人们在累积债务时也在支付着利息，支付着推迟这一行为的代价。冲突债务同理：拖延处理最初的问题越久，最终要支付的利息就越高。举例来说，如果团队没有创新，当竞争来临时你要付出代价，而当团队中最有才华的员工们逐渐离职时，你要付出的代价更多。研究表明，68% 的员工并没有在工作中尽全力。[4] 如果没有优先级排序，你将会在执行计划时付出代价，而在压力过大或团队士气低沉时，代价更为惨重。如果拒绝了反对意见，遇到麻烦时会付出代价，在那些本应预测到或避免的危机出现、批评声四起的时候，代价更为惨重。冲突债一次次地在索要着利息。

前文提到的医生们就处于这样的情况中。一些决议可能已经拖延了多年还未确定，而现在，部分新成员此前还未加入，不了解前因后果，更不用说参与解决过程。而令人沮丧的是，不管是否要对冲突债负责，他们都不得不面对进展迟缓、充满负能量、缺乏信任、抵御从根本上解决问题的团队文化。

团队中的冲突债

并不是所有的冲突债都是因为领导者逃避棘手的商业决策而导致的，在团队内部也会产生。躲避不愉快的人际往来，或者一直拖延处理，就是在堆积冲突债。你会逐渐发现，放任问题不去处理，团队的大部分精力都被消耗在了内部的斗争上，而不是更好地完成工作。你是否忽略了可能引发团队中冲突堆积的问题呢？

能力欠缺

团队冲突的主要表现形式之一是处理不好能力欠缺的员工。有太多的管理者明知员工无法胜任工作，还是将其安排在岗位中，但随之引发的后果却要整个团队去承担。你的团队中是否已经有不能胜任本职工作的员工呢？他们或许在过去表现不错，但随着时间的流逝，已不再适应全新的商业模式，陈旧的技术也被科技进步所取代，又或者有些老员工的体力已大不如前。你告诉自己，我别无选择，“更新技术需要六个月的时间，有人在岗总比没人强”，或者你会说“这些老员工的工龄太长，辞退的成本太高”，或者“他是总经理的女婿，我可不敢炒了他！”想要避免与能力欠缺者发生冲突，你总能找到一堆“正当”的理由，但要明白的是，避免了和能力欠缺者的冲突，反而为你和其他成员的冲突埋下伏笔。

对于能胜任工作的员工来说，被迫在管理者的命令下带着“拖油瓶”一起工作，肯定会愤愤不平。可能正是因为一个人拖了后腿，致使整个团队的名声受损。

处理不好能力欠缺者，连胜任者的士气也会备受打击。被迫接受领导分配的额外工作量，被迫收拾同事无法按时完成的烂摊子，牺牲自己无数的时间去帮助同事完成本应由他们独立完成的任务。(“我再说一遍，转接电话得这样做。”) 如果你是一个不愿意去处理能力欠缺的员工的管理者，就准备好处理和胜任者之间的关系吧！对的，就是这么残酷，但又常见。

不良行为

表现欠佳并不仅仅是招致团队冲突的唯一原因，不良行为也是其中之一。我曾经合作过的某个团队，因为领导者对不良行为置之不理而陷入了恶性循环。这个科技商业团队正身处成本竞争中，面临着来自多方的压力。销售部经理弗兰克想方设法地保护价格，而运营部经理亚当正想尽办法地降低成本，保证利润。每个部门都在拼尽全力，却对其他部门为此做出的努力一无所知。所以大家都理所应当地认为其他人都在游手好闲，只有自己在兢兢业业地工作。

有一天，当着团队中所有人的面，弗兰克将自己的负面情绪全部发泄在了亚当身上。弗兰克指责亚当没有尽全力削减产品成本，言语中充满了傲慢，暗示亚当脱离了团队，不知道自己有多么落后。亚当毫无意外地站出来为自己辩解："总要有人考虑考虑质量吧！"

而其他的成员，包括领导者在内，都知道弗兰克长篇大论的重点，却没人站出来把会议扳回正轨，所有人都忙不迭地站在亚当这边，借此对弗兰克进行人身攻击。冲突越来越混乱，所有人的关注点彻底走偏，没人再关注重点：利润在锐减。最后，团队未能达成针对成本压力的应对方案，只收获了对弗兰克的种种不满，和对亚当的些许怀疑。

这场危机之所以会发生，是因为亚当的计划从未经受过压力测试，弗兰克也未能找到机会主动表达他的顾虑。业务上的冲突债就这样成了整个团队的冲突债务。

我常看到领导者们往往容忍弗兰克这种害人害己的负面行为而未给予任何惩罚，特别是当冒犯者取得理想结果时更是这样。

不良行为的表现形式有很多：厚颜无耻的八卦、冷嘲热讽的一味否定，以及夸大其词的传话。最让人担忧的或许是主动进攻型人格者常常会大声地指责他人，如果容许团队中有这样的人存在，长此以往，原本所有竭尽全力、积极敬业的员工，都会成为沉默的大多数，默默容忍着欺人者大行其道。最常见的表现形态为被动攻击。

如果团队中有被动攻击者，那你要应对的闹事者有两个：先惹起事端的攻击者，以及以游击战方式应对的另一方。不得不说，没有一方是无辜的。让他们两个单独相处是最好的出路。但对这一局面置之不顾绝非是明智选择。如果问题没有解决，被动攻击者绝不会就此消停。所有人都会心照不宣地继续工作，但难免会被其影响到。如果你选择对团队中的被动攻击者视而不见，就准备好面对发展受阻、信任崩塌、自信被毁的结局吧。更残酷的是，被动攻击型行为对管理者来说并不好识别，因为大部分的不良行为都不会出现在你眼前。所以可能你已经负债累累，却毫不知情。

进攻型行为肯定要认真处理，但心怀恶意的被动攻击型更应加以重视。哪些人是扮演受害者角色的人呢？不良行为出现后，肯定会有受害者，他们通常会带着“我好倒霉”的心态，不能或者不愿意为自己站出来。你是否也在默许受伤者的消极情绪影响整个团队时，无意中积累了冲突债务呢？

如果团队成员在工作中认为自己被误解、被错待，而领导却没有妥善处理，因此所欠下的冲突债和反社会行为一样危险。受害者同事不得不贡献出大量的时间耐心地听对方抱怨，还要腾出精力重振他们备受打击的士气。但如果以上努力都没让受害者振作起来，他们的戾气反而会掉转方向，以更猛的势头去攻击其他同事。最终，大家不得不从一开始的试图安慰发展到后来的避之不及。纵容受害者的消极思想，可能会让所有人都惹上麻烦。

正如你所见，团队中的冲突债务能带来消极的工作状态，以及更多的冲突债务。进攻型成员能激发起被动攻击型成员，反之亦然。不管是进攻型还是被动攻击型，又都可以激发出团队中的受害者行为。若发展到这一地步，管理者的所有精力不得不从工作正轨转移到处理冲突债务中，但现在再让组织回归正常似乎为时已晚。一旦人际关系危机爆发，再想回到从前已经不可能了。

团队要重回正轨，有些人必须离开。说来你可能不信，根据我的经验，需要离开团队的往往应该是受害者，而不是进攻者。进攻型（又或者是嚼舌根型、冷嘲热讽型）员工往往会采取一些建设性的方法解决问题，而整日自怨自艾的人反而不会有精力和毅力让团队变得更好，他们已经被之前的经历折腾得筋疲力尽，很难找回之前的状态。

研究显示，人际冲突如果一直不解决，将会带来缺勤率的上升，而这可能会给团队带来数十亿美元的经济损失。[5]团队内部冲突带来的压力也将会导致短期内员工工作能力缺失，给公司带来经济等各方面的重大损失。管理者逃避处理内部冲突危机所带来的另一个负面影响是对外界争端解决机制的依赖性越来越高。当员工发现矛盾而内部解决无门时常会寻求外界支持，例如调解员、仲裁员，甚至是法庭，而这将是对管理者的时间以及公司成本的极大消耗。总之，不管以哪种方式，冲突债是一定要还的。

个人的冲突债

我们已经聊过冲突债对公司和团队的消极影响，但对个人的危害可能更大。每当你压抑住自己的担忧，轻描淡写地讲出顾虑，或者总是找不到机会表达自己的观点时，正是陷入冲突危机的开始。彻夜难眠、自我怀疑、慢性压力，这都是个人冲突债带来的恐怖利息。

我对此深有感触。之所以辞掉第一份工作，正是因为我与当时的老板关系不合，而我又非常抵触冲突，不愿着手解决。老板是一位既有能力又非常有支配欲望的女强人，没什么同理心，眼光也不够长远。敌对的工作关系让我精疲力竭，我需要面对的不仅仅是处理好工作中的职场政治，还因为作为一名新上任的管理者，我很想保护自己手下的员工。每日在老板和员工的夹缝中工作，耗尽了我所有的精力，回家后，丈夫和女儿不得不面对一个疲惫不堪的我。每天晚上我都辗转难眠，最后终于决定不再背负着冲突债工作，而是趁早离开。这一决定可以用“破产”来形容。

后来我去了其他几家公司面试，想找一份再也不会碰到这类事情的工作。我入职了一家很棒的公司，有一位很棒的老板。开始的几年一切顺利，但慢慢地，我的第二个团队也开始出现问题。现在的我已经不再是一个管理者，而是一个领导者，公司中部分团队正经历重大变革。我们正忙着合并团队、替换负责人、修订策略、寻找办公新地点，压力巨大，让人状态不佳。消极行为、攻击动作、被动攻击行为，所有你能想到的负面情绪都出现在了团队中。

和其他人一样，我也有工作要处理。我正忙着建立一套新的秩序，而不是腾出时间听员工大谈特谈合法抵抗（legitimate resistance）。我尽可能地躲过所有尴尬的对话，也不对员工们交头接耳的八卦做出个人回应。所有的工作再次变得极具挑战性、充满痛苦，还像是性格培养。我又回到了在沙发上凑合过夜，忽略家人（我当时已经有两个孩子）的状态中，不禁问自己到底要如何挨过剩下30年的工作生涯。尽管初心并非如此，但我还是再一次地将冲突债堆积到了让人望而却步的地步！

你有过类似经历吗？你是否也曾一周一周地在工作中煎熬，埋怨着自己受到的不公待遇，又同样将戾气带到和其他人的相处中？虽然每个人的情况都不尽相同，但我认为，个人冲突危机有着以下几个常见原因：1．承担着过多或分配不公的工作量；2．在个人成长和职业晋升方面没有足够的空间，或受到了不公平待遇；3．忍受着来自老板或同事的不公平对待。如果以上情形发生时，你总是对镜子里的自己说“忍了吧，受气包”，那你其实正在无形中积累冲突债。

工作量

你是否面对着越来越重的工作却无力抗拒？2008年经济大萧条的时候，每个人都曾经历过这样的阶段。公司开始大规模地裁员，并把所有的工作都均分到剩余的在岗员工头上。一开始大家都是为了维持生活，但时间一久，这成了公司以低成本维持高增长的流行做法。你是否也在超额的工作量下任劳任怨？你是否也是大部分时间都在埋头苦干，还时不时担心自己犯错误？每次当老板缓缓走到你的办公桌前，扔下一堆新的任务，你是否也只是勉强笑笑，默默接受呢？我们真的应该对这些额外的工作说“不”，或者至少让老板减轻自己的一些工作量，但眼下最容易做到的，还是把这些已经处理不过来的工作放入自己的冲突债中。当然，你将来肯定要花时间连本带息地偿还债务。

我的一位朋友，正是因儿子的一句话才从繁重的工作中清醒过来。连续几周都在下班后和周末的时间里工作，他已经很久没有和儿子一起度过亲子时间了。终于有一天他好不容易按时下班，但又不得不在家中忙着准备第二天截止的提案。他的大儿子走过来说：“爸爸，如果可以带电脑的话，你能陪我去公园吗？”儿子的一句话让他惊醒，他意识到，是时候和老板谈一谈，为自己争取一些工作帮助了。

职业发展

另外一个我们常常拖延不谈的话题是个人成长和职业发展。管理者从来不提，所以即使已经准备好迎接下一个挑战了，你还是埋头苦干，扎实工作。工作如常进行正合老板的意，你的工作顺利进行，他的工作也因此轻松不少。然后在同一岗位上的时间越久，你越会感觉到自己的能力早已超过职位的要求，受挫感油然而生。日复一日，你对工作越来越不上心。如果不去为自己争取机会，这就是你要付出的代价。

没有改变，没有成长，没有进步，在同一岗位时间越长，冲突债就越重。其中的代价有无聊——你感觉工作日越来越难熬；有自我怀疑——你不断地问自己是否还有可能进步；还有忌妒——特别是当看到那些办公室政治玩得比你溜的人快速晋升的时候。背负债务的时间越久，你越会怀疑自己的能力，脑海里总有个声音在说："老板之所以没有重用你，是因为你的实力不够。"当你陷入了这种消极心态时，你会更坚定地认为是你自己的能力不行，而不会意识到，其实你从来没向老板提出过你的诉求。

人际关系

冲突债务并不一定都是像工作量或者个人发展等这些客观的事情。最沉重的债务有时来自默默忍受那些让你挫败的待遇。人际交往将会对我们的工作有着很大的影响，但有时候开口说出自己的要求并非一件易事。

这种情况并不少见。我记得之前有一次公司办公室升级，所有人都搬到了一个开放环境中，其中布置着一排排的没有隔板的长桌。团队中有个内向的女生，她的工作要求必须有大段的集中注意力的安静时间，但她的工位被安排在了办公区主通道的边上。她人很好，所以每次有同事经过的时候她都会抬起头来笑笑，大家也会和她打招呼，停下来随便聊几句。虽然不乏愉快，但新的工位安排还是给她的工作效率带来了很大影响。时间一长，她慢慢地被这些嘘寒问暖的交谈打扰得心烦意乱，也不想再继续牺牲自己了。

把内向的员工安排在人流量最大的工位上是个无心之举，后续也进行了调整。而有些与我们个人喜好冲突的工作安排可能表现得不会这么明显。比如，一个喜欢三思而后行的员工，在面对一个喜欢随机提问希望马上得到回答的老板时，很可能会手忙脚乱，不知所措。你匆匆忙忙地给出回复，但又明知道自己的好点子大概会在一小时之后才能出现。如果不主动跟老板沟通，要求一些思考的时间，每次老板突击，期待你给出答案的时候，就难免会手忙脚乱。

在挣扎着是否要和老板谈待遇的时候，我们常会放自己一马，但如果是受到来自同事的不公正待遇，往往会让人更加沮丧。无论是那个总在开会时打断你的她，还是旁边隔间总是用手机免提打电话的他，抑或是在茶水间偷偷议论你，被撞个正着之后若无其事地走开的他们，都让你背负上了职场冲突债。现在，你需要应对的一方面是问题的根源（被打断，被打扰，或同事的做法让你尴尬），另一方面是懊恼自己拖延着不去解决问题。

是时候偿还债务了

冲突债正在影响着你的工作表现。从公司角度来讲，员工在不舒适的环境中消极工作，会使资源分散，创新受阻，并且对风险的警惕性大大降低。在一个团队中，抗拒不愉快的对话，实际上是在强迫有能力的员工补偿弱者的缺陷，让成熟的员工不得不忍受另一部分无能的同事。从个人角度而言，这样的不适其实正在消耗你的能量。

随着冲突债越堆越多，人也会逐渐失去偿还的勇气。该处理的事搁置得太久，我们与老板和同事对峙的勇气也逐渐消磨殆尽。或许你也想像我一样，宣布破产，跳槽到另一个地方重新开始。但别轻易放弃——摆脱冲突债务，你能做的还有很多。

本章小结

团队需要冲突。从拟订战略计划到处理建设性反馈，身为团队中的一员意味着你需要面对非理想的情景。

逃避必需的讨论和决策时，冲突债也正在堆积。回避争议话题，拒绝反对意见，或对真正的问题避而不谈，都是导致冲突债堆积的原因。

冲突债还会引发复利，并且以沮丧、消极怠工、信任受损的形式呈现。

公司需要为冲突债付出沉重的代价。放任冲突不管，就无法实现高效任务优先级规划，引发创新筒仓，忽视风险。

逃避人际关系冲突不利于团队合作。管理者如果无法处理好团队内的能力欠缺者和不良行为，将会带来冲突债，影响所有团队成员。

冲突债也会影响个人的发展。如果没有主动申请自己完全可以胜任的工作量，没有为自己的未来投资，或是迟迟未找到一个适合自己的工作环境，我们其实正在把工作变成自己的压力源。

第 2 章

冲突厌恶与冲突回避

实话说，我是一个彻头彻尾的冲突厌恶者。

当然，我也没忘记自己是一名职业冲突发起师。撇开职业不说，我承认，每次在客户董事会议室外舒适的休息区等候，想着等下要发起冲突时，我也会手心出汗，甚至会感到轻微恶心。实话说，不仅仅是发起冲突会让我紧张，只要想到我的所作所为会让部分人，甚至所有的人厌恶我，都会让我不安。

从小时候起，我就对冲突感到厌恶。我成长在一个温馨的家庭中，每天都会和家人一起共进晚餐，收看公共广播电视的“麦克尼尔 / 莱勒报道”（MacNeil–Lehrer Report）。大家可以自由探讨，随性辩论，自由提问。规则只有一条：严令禁止任何形式的争吵。我从没见过家里人对彼此大喊大叫，一次都没有。

我猜测爸爸是这一家庭氛围的主要原因。我的妈妈是一个强大而自信的人，从不畏惧站出来说出自己的想法。但我的爸爸不一样，他敏感，更喜欢借助语言的力量。他常用语言作为鼓舞人的工具，而非攻击他人的武器。比方说，朋友们来家里做客时，常惊讶地发现父母并不禁止脏话，有时甚至还互相鼓励。在我们家，只有两种脏话不能说："闭嘴"和"愚蠢"，因为这都是属于人身攻击的字眼。但是"狗屁"之类并不算脏话。

爸爸之所以如此抗拒与他人有冲突，是因为冲突曾给他带来很深的伤害。每次被别人伤害后，爸爸的心中都会留下永久的伤痕。我现在还记得，很多微不足道的小事，多年之后，其带来的影响仍然没有消失。爸爸的敏感难以避免地也影响到了其他家庭成员。大家都小心翼翼地避开敏感话题，像侦探一样通过观察和聆听去推断彼此的喜恶。我曾用了两年的时间，才把爸爸从悲伤中拯救出来，终于弄清楚他之前的担心是怕自己去世后女儿不会照顾妻子。爸爸因此而烦心，却从未开口讲过。他是一个彻彻底底的冲突厌恶者。

什么是冲突厌恶

冲突厌恶是指对异议的普遍反感情绪。这种状态通常从儿时的自己开始，一路跟随到董事会议谈判桌上的你。有些人的厌恶程度较轻，一般通过深呼吸，或者几句自我激励的话，例如“你可以的！”就能克服。有些人对冲突的厌恶情绪较重，他们避免所有可能产生冲突的场合，哪怕只有很小的发生概率。对冲突的厌恶程度越深，对人的负面影响就会越大。正如在第 1 章中说到的，公司需要冲突，避免冲突只能带来冲突债。

冲突厌恶从何而来

人们厌恶冲突的原因有很多，先天因素和后天因素都有。要想搞清楚冲突厌恶是如何影响我们的工作和生活的，就要首先弄明白，在一生中，冲突债是如何一步步堆积起来的。我们先来看看可能会让你在冲突环境中感到不适的原因。

人类基因

人生而厌恶冲突。人类之所以这样进化，是因为冲突不利于关系发展，而这又是人类生存的关键。我们的穴居祖先可不想陷入战争，导致自己被驱逐出洞，暴露在尖牙利齿的老虎之下。所以，无论是从基因还是生理学角度，现代人类和史前祖先并没有太大的差别。人的大脑一直在持续地侦测着周围可能对自己的安全造成威胁的因素，而一旦有所发现，它会第一时间命令我们离开。当今人类的威胁中已经很少有尖牙利齿的老虎，但仍和其他的威胁，例如失去自己在部落中的领地，或者被票选驱逐出洞穴等紧密相关。这一点我不再细说，但显而易见的是，我们的冲突厌恶，部分是由基因决定的。

儿时经历

从来到这个世界开始，人类就出于本能地寻找朋友，避免冲突，而随后父母和榜样又把这一本能不断地加强。我们大部分的冲突厌恶都可以追溯到儿时的教育中，一般都会以“行为规范”为标题。在 20 世纪家长的眼里，冲突是礼貌的反义词。人们认为，与别人发生冲突是有失体统的，并且有一系列的陈词滥调和口头语来向下一代传输这样的价值观。以下是我印象最深的四个。

1.“如果你不能说好话，那么干脆一句话都不要说”

如果你的奶奶也说过这样的话，她大概是想告诉你做人不要太刻薄。首先声明，我同意奶奶说的，不能因为弗莱迪的自行车上有车筐，车把上挂着彩带，就说他的车“女里女气”。但是，当妈妈问午餐吃得怎么样，而你因为如实回答说“不好吃”而受到奶奶的责怪时，我就要和她聊聊了。

因为，这时奶奶想要教给你的是：表面呈现的好要比一件事本身的样子更重要。你是否喜欢妈妈准备的午餐不重要，重要的是妈妈的感受，所以你要回答：“午餐很棒。”替所有人保住面子是礼仪社会的特点。它要求人们有些话需要留在自己的肚子里，而他人的感受远比我们自己的感受更重要。

了解了这一点，你会发现它在我们长大后的世界里几乎无处不在。妈妈的午餐变成了餐厅中没煮熟的鸡肉。当服务员问你用餐体验如何时，你笑笑说：“不错。”你勉强咽下鸡肉，小心地把中间夹生的粉色肉块埋进土豆泥里，默默地祈祷今晚不会抱着马桶大吐特吐。如果遵循奶奶“只说好话”的原则，你就要默默忍受这些。

有时我们也会把自己的想法加入“只说好话原则”中，于是逐渐演变成只说好话原则的升级版："如果说的不是好话，那至少要到没人的地方说。"因为我们发现，虽然关闭了消极评论，但不愉快的情绪并不会消失。我们总要找个地方发泄情绪，所以需要找个更安全的吐槽地点。将不友善升级成被动攻击的版本之后，吃完夹生鸡肉的第二天，你向身边的朋友吐槽这家餐厅，并在 Yelp 网站上给出了一星的评价。你对这家餐馆和服务员发起攻击，甚至都没给他们任何补救的机会。奶奶知道后大概要因此而感到羞愧了！

只说好话原则在工作中也起不到什么好作用。之前那块没煮熟的鸡肉变成了同事糟糕的报告。你在会上一言不发，也没有让这个项目在未得到任何建设性建议的情况下继续下去。你选择了另一种处理方式：会后在走廊悄悄地和其他同事吐槽这个差劲的报告。

2."管好自己的事"

奶奶绝对不是唯一一个鼓励我们回避冲突的人。在成长的过程中，肯定有一位老师告诉过你"管好自己的事"。就我的经历而言，说这句话的是我上四年级时的老师兰金夫人。她常说："管好自己的事。"我一直不理解这句话从何而来，也不知道为什么四年级学生就必须有和谐的群体行为。但有一点我清楚，如果周围有不好的言论，或同学间出现矛盾时，我应该默默地旁观。当同学们做坏事时，大家都心照不宣地“管好自己的事”，如果不这样做，就会成为“告密者”。

这样做的问题在于，它让人们学着去忍受看不惯的事情。同学间的不良风气使我备受煎熬，即使我在运动场上、教室中和校车上，都曾受到不良风气的影响，但显然这些并不算我“自己的事”。

由此所带来的绝不仅仅是对个人的消极影响。没人告诉过我如何去分辨朋友们的打打闹闹是在规定之内的、无伤大雅的玩笑，还是规定禁止的暴力行为，或许两者皆是。一开始他们可能在玩闹，所以我们要站在一旁观察，看是否会发展成暴力行为。有多少次在面对霸凌时，你都保持沉默呢？调查显示，在 85% 的霸凌场景中，都至少有一位旁观者目睹了暴行。但是只有 10% 的案件中，旁观者进行了干预。[6] 而数据显示，在旁观者干预之后，大部分霸凌事件都会在 10 秒内结束。我们真的希望孩子只“管好自己的事”吗？

在工作中遇到的事不一定都像霸凌这么严重，可能只是看到同事犯低级错误不去提醒，而这个错误就会从一开始的小沟壑逐渐发展成执行过程中的深渊。来来回回的纠正拖延了整体工作进程，还让同事间产生了敌意，但如果能在一开始就指出同事的错误，这些事本不会发生。

还有些行为会带来更严重的危害。比方说，在同事们的讨论和八卦中，你获知了团队中的不和，有人质疑了其他同事的能力甚至品德，但你不知道怎么处理，或不知道如何消除对方的怀疑和误解，所以只能放任其继续传播发酵。你选择做一个旁观者，毕竟这不是你自己的事。

3．“看看你干了什么好事”

你还记得吗，小时候的自己说了什么话，结果惹得另一个小朋友哇哇大哭？不知你是否和我有同样的经历：大人不知道从哪里突然冲过来，伸手打了我的屁股，挥舞着手指头责骂着：“看看你干了什么好事！”虽然不知道自己错在哪里，但可以确定的是，我惹上麻烦了。

在“看看你干了什么好事”这一刻，我们一般会学到两个道理。

首先，其他人的脾气都不太好，在公共场合要学会隐藏情绪，后一句是我根据逻辑归纳出来的，因为每当别的小朋友生气、难过或沮丧时，大人们都会给出不一样的反应。细心教育型家长一般能马上用言语或者棒棒糖去安慰情绪激动的小孩，粗暴型的父母则会自己也跟着情绪失控地大喊：“你家孩子要把我弄疯了！”

其次，当其他的小孩子情绪失控时，我们要对此负责。但事实是，你可能只是因为乔丹邀请你去参加生日聚会，而无法和山姆一起玩了。山姆觉得自己受到排挤，放声大哭，但你其实并没说错什么。你又怎么会知道为什么乔丹没邀请山姆呢？但大人们才不管这些。他们冲到现场，迅速找出哭泣的小孩，然后开始指责另一方。山姆自己变得情绪化，但这全是你的错。

长大之后，我们小心翼翼地避开所有可能惹怒别人的事。团队面临着严肃的任务，你预感在这过程中肯定埋伏着能让情绪爆炸的地雷，所以决定不去冒险，而是放任事情发展。结果呢？那个哭得最大声或者喊得最大声的人掌控了整个团队。你无法取得任何进展，只能在原地打转。毕竟，你无法责备那个在会议中失声痛哭的人。

4.“别惹麻烦”

我们与权威之间的不健康关系从童年时期就开始了。如果老师、教练或者童子军队长是个刻薄、不公或能力不强的人，我们的抱怨常常会石沉大海。人们会告诉你“别惹麻烦”，就像你在足球训练后回到家，抱怨着教练的处理不公，却只是被家长拍拍头，然后安慰道“继续努力”或者“好好表现”。

于是我们学会不去挑战权威，而是接受权力就是一切；学会了如果年长位高的人做的事让我们不开心，出问题的肯定是自己；学会了咬牙面对困境，不能挑战权威，不让对方难堪。

毫不意外，成年人都不再敢轻易挑战年长位高者。毕竟如果说了什么，很可能“惹上麻烦”。所以，我们眼睁睁地看着毫无建设、毫无头绪甚至满嘴谎言的老板继续危害团队，但还是不敢冒险惹老板生气，更不想被炒鱿鱼。你宁愿咬牙忍受，也不想改变现状。

警告：根据我的经历，在童年时期奏效的“别惹麻烦”原则本身也在不断改进。现代社会的“直升机父母”不再一味地服从权威，特别是在事情和自己的宝贝孩子有关时。很可惜，这些过度保护型父母却没有教会孩子该如何坦诚地与权威相处，而是跑来拯救孩子，亲自上阵，与老师、校长或教练对峙。“拯救”行动只能教会孩子：权威（老师）只能与权威（家长）对抗。可悲的是，这样的处理方式同样会为将来埋下冲突厌恶的种子。在附加章节里我会详细地描述培养冲突回避型的后代将会带来怎样的危害。

更多导致冲突厌恶的可怕因素

总结一下，我们在前文讲述了在孩子的成长过程中，大人们抱着“这是为你好”的心态，却颇具误导性地传达了“冲突是不礼貌的”这一概念。除此之外，还有其他导致冲突厌恶的更可怕因素。我最近遇到的一些人，大部分是女性，都曾在儿童时期，以直接或间接的方式不断地被教育要压低自己的声音。有些大人会直接说：“你太吵了！”有些则会委婉地通过嘘声提醒，或者训话说：“小孩子要静静地待在一边，不能说话。”如果在成长过程中大人们要求你闭紧嘴巴，自然而然地，长大后的我们将不敢发声。

被忽视、被噤声还不算是导致冲突厌恶的最可怕的原因。如果不幸成长在一个充满语言暴力甚至肢体暴力的家庭中，人会自然而然地产生对冲突的恐惧。在他们看来，冲突不会提高效率，只能带来伤害，因此学会与任何人和事和谐共处，不去引发任何争议，逐渐在不惹任何人生气的前提下熟练地处理事务。没有积极的冲突榜样做出示范，我们很难自己掌握这项技能，于是，不惜一切代价地避免冲突成了人们应对世界的合理方式，但相信我，你还有别的选择。

◆◆ **冲突** ◆◆

是**健康**的

人际关系的一部分

也是抵御不良人际关系的

› **重要屏障** ‹

离开家之后

随着年龄的增长，我们对冲突的看法开始更多地受到家人之外的其他人影响。青少年时期，身边的伙伴是一个重要因素。如果你和我有着同一类型的高中同学，那么你肯定了解，他们在听到别人质疑自己时往往不会太友善。比如，你认为吸烟或喝酒不好，但他们却认为你太板正、太不酷了。而为了更好地融入，你知道自己必须得把不同意见藏在心底。

已有大量证据表明，人们会竭尽全力地避免成为唯一一个提出异议的人。最著名的研究应属 1955 年所罗门 · 阿希（Solomon E · Asch）实验。[7] 在实验中，研究员把一群学生带到了一系列的线条前面。在此之前，阿希已经向学生们付钱，要求他们说出那根较短线条是长的，但只有一位学生被蒙在鼓里。最终这位学生默认了其他人的回答，同意那根较短线条是长的。大多数最终战胜了少数人。

很多工作场景会让人感觉自己正身处阿希的实验中。“我们是在看同一批线条吗？”这就像我的第一份工作，在前两个月的时间里，我所得到的清晰、明确的指令就是：随大流，融入集体。那是在研究生毕业后，我入职一家咨询公司，与一位非常资深的同事合作。在我入职之前，他就已经开始分析数据了。在合作的第一个项目中，我很确信对方的分析出了问题，给出了错误的、有误导性的结论。所以我自然地按照学校里学到的，冷静而直接地指出了错误。我只想着不要给客户提供错误结论，还暗自窃喜自己成了功臣。然而，他的领导却认为我做事不懂规矩，并向我的老板告了状。作为一名职业女性的旅程才刚开始，我已经学到了要保持沉默。

冲突回避型老板教我成为一名冲突回避型员工。研究显示，冲突回避型的老板常培养出同类型的手下。米歇尔·盖尔芬德（Michele Gelfand）和她的同事们经研究发现，领导者处理冲突的方式会转化为团队中的“冲突文化”。[8] 冲突回避型的领导者所领导的团队对冲突也是唯恐避之不及。

只要曾在冲突回避型文化中工作过，你肯定对此不陌生。开始一般都是管理者躲避争论，之后一切像滚雪球似的越滚越大。不久后，团队开始制定新的组织价值观，“团队合作”和“相互尊重”这类口号肯定最为瞩目。每次经过办公室里挂着价值观的这面墙，看到第一项“正直诚实”的时候，你都忍不住冷笑一声，深知这并不等于你可以畅所欲言，除非你要说的话不会有损于团队和谐。

之前我提到过，我曾经在一家负责员工调查的公司工作。我知道员工调查给了滋生冲突厌恶的土壤。但在当时，这一做法的出发点是好的，结果似乎也无伤大雅。但慢慢地，“员工敬业度”成了“让所有人都满意”的同义词。我们告诉领导者，不要闹翻，也不要让员工太过沮丧。为了确保管理者们可以理解透彻，我们把员工评分与其奖金挂钩。现在我们希望管理者能强调责任意识，支持改变，大胆改革，但千万不能让员工们不高兴!

父母常说，有礼貌的人不会说惹别人不开心的话。父母教我们闭嘴，遇事站到一边，或视而不见。之后，老师、教练和老板逐渐地也加入这支队伍，教育我们要把反对的声音埋在心里，或至少以温和无害的方式提出来。每次想提出反对意见时，这些声音仍然会在我们的头脑中回响。有个朋友把这些声音称为“鸡毛蒜皮小事委员会”，你对此也不陌生：就是坐在你肩膀，冲着你嘀咕坏主意的那些声音。

真是多亏了“鸡毛蒜皮小事委员会”，我们才学会回避冲突，又因为一味回避，我们从未学习过如何以开放的心态，真诚而高效地去处理冲突。我们无从得知，其实冲突是健康人际关系中的一部分，也是抵御人际关系的屏障。难怪很多人都深陷在冲突债务中了。

冲突厌恶将会带来冲突债务。领导者想逃避冲突时，往往不会对任务做优先级排序。所以员工们经常是每个任务都做一点，但又没有足够的资源集中完成某一项，难怪大家都有 87 个待办事项，每周要开 32 个小时的会。除此之外，又因为领导者不喜欢冲突，所以当员工在会议上犯错时，他并不会有所行动，因此，在刚刚提到的每周 32 小时的会议中，又有 31 个小时是极其痛苦的。在我们的成长过程中，大人总教育我们不要和别人发生冲突，所以即使这样，你也只是袖手旁观。

冲突厌恶与冲突回避

我说过，我是一名冲突厌恶者，和你一样，在冲突面前我也会紧张焦虑。那么，一个从出生开始就厌恶冲突的人，如何成为一名职业冲突发起者呢？在过去的 20 多年中，我曾目睹了冲突债给公司、团队及个人带来的巨大损失。有一天我终于意识到，自己再也不想被冲突厌恶控制（就像我下定决心戒掉苏打饮料一样）。后来我发现，其实冲突厌恶并不是问题的根源，根源在于冲突回避。

这两者又有什么区别呢？冲突厌恶是你不喜欢冲突，害怕冲突，更希望生活中没有冲突。而冲突回避则是指，你的生活中没有冲突，你总是主动地避开可能与他人产生异议的场合。冲突厌恶在转化成冲突回避之前，并不会惹麻烦。但大多数人可能还无法分辨这两者，你只知道自己不喜欢冲突，却没考虑过其他解决冲突的方式。

可以试试这种方法。我将冲突回避类比为日常锻炼。我并不热爱运动，不是那种热爱流汗，享受从慢跑中获取内啡肽的人。作为运动厌恶者，我并不抗拒锻炼，穿上我能找到的最舒服的贴身运动装，每周也会运动几个小时。只要我对运动的厌恶没有转化成运动回避，健康就不会因此受影响。

冲突回避

专家们将冲突分为不同的情景。其中最为常用的是托马斯－基尔曼冲突模型（Thomas-Kilmann Instrument），它采用了两个维度：你的方式满足了你的要求（他们称之为“独断”），以及满足了另一方的要求（他们称之为“合作”）。我们可以从四个部分来理解这一模型：努力满足双方的要求是“合作”；只顾自己的要求而不管对方是“抵触”；满足对方的要求，而不顾自己的要求是“顺应”；双方的要求都不管不顾是“回避”；表格中间部分的状态是“妥协”，是指双方努力满足其中至少一方的要求。

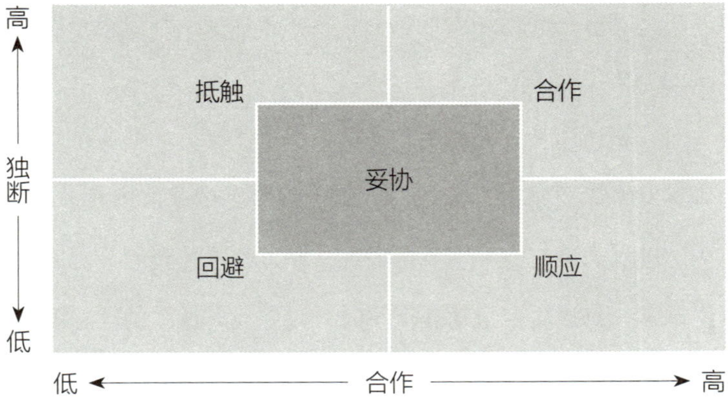

在这一模式中，两种状态可以被定义为冲突回避，其中最为明显的是回避策略。在这种情形下，人们会彻底绕开话题，不给自己和对方留任何解决问题的机会，并通过改变话题、翘掉会议、躲进卫生间等避免和对方接触的方式回避冲突，问题根本得不到讨论，更不用提彻底解决。

对于冲突厌恶者而言，回避矛盾是把“双刃剑”。虽然躲过了一时的尴尬，但解决问题的压力仍在不停堆积。根据问题的严重性和相关方的处事风格，最终结果可能是情绪的突然爆发，引发更尖锐的矛盾。而如果我们能在一开始就处理好冲突，或许完全可以避开这样的结局。人们常在这时以为只有两个选择：回避冲突或陷入尴尬的冲突中。如果带着这样的想法，你的冲突回避会逐渐发展成更为严重的冲突厌恶，无限地恶性循环下去。

另外一种没这么糟糕的处理模式是，你参与（或被迫参与）到一场痛苦的讨论中，但采取了被动的处理方式——“顺应策略”。在这一情景中，你让对方实现了自己的诉求，放弃了自己的要求，就像在拔河比赛中扔掉了绳子：“我放弃，你赢了。”通过这种处理方式，人们没有完全回避问题，但仍然拒绝了冲突。束手就擒，没有为自己或自己的手下争取利益而做出一丝努力。员工可能会对你失望，本来能提出一个更好的想法或纠正之前计划里错误的机会也擦肩而过。这都是妥协的代价，将由你和所有将自己的利益寄希望于你的人来承担。

在冲突回避这一类中最后一种需要讨论的冲突模式是妥协。妥协不一定是回避，但选择以最快的速度解决问题，双方的要求都无法被满足。这也意味着，冲突回避型的人想要尽快地脱离眼下的尴尬局面。

美国联邦调查局人质谈判师、冲突专家克里斯·沃斯（Chris Voss）在他的精彩著作《掌控谈话》[①]中介绍了妥协的结果。在他设想的场景中，丈夫想穿一双黑色鞋子，而妻子想让他穿一双棕色鞋子。双方妥协的结果是，两双鞋子丈夫一脚一只。这是一种完全不合逻辑的解决方案。当我看到冲突双方为了尽快结束尴

---

① 此书已由磨铁图书于 2018 年 10 月出版。——编者注

尬局面而相互妥协时，我总是能脑补出他们每人各穿一只黑色鞋子、一只棕色鞋子的样子，有人说我这种想法是《时尚警察》[①]。

我并不是说所有的冲突回避都是不好的。在托马斯－基尔曼的理论中，所有的冲突模型都有既定的时间、地点、背景，在部分情境中，冲突回避是有意义的。比方说，当冲突各方情绪太过激动而无法建设性地处理问题时，大家暂停，冷静一下，反而是更明智的选择。而当某一话题对其他人非常重要，但对你来说无关紧要时，顺应让步也是最佳选择。当然，在有些情形下，妥协也不失为一个好办法。不是说建议大家出门的时候穿两只不同颜色的鞋，而是没有一个解决方案能满足双方的要求，反而中间的妥协地带能实现最优方案。我随便举个例子，比如各国政治家们能互相多妥协一些，维持全球秩序，多顾及一下欠发达地区的人民，别把大家拖入第三次世界大战之类的，那有多好。

我们可以时不时地自主采用回避、顺应或妥协的策略去处理冲突，但如果这些策略已经成为你面对冲突时所采取的默认处理方式，那你需要反思自己，冲突回避是否已经阻碍了你去争取自己及团队成员的合理利益。冲突厌恶心理可以理解，但如果任其发展，使之成为冲突回避，将会带来危险。

---

① 美国一档脱口秀节目，对当下流行趋势进行点评。——译者注

本章小结

冲突厌恶是一种面对争议时常见的不安心理。幼年时产生，可能会伴随人的一生。

作为人类，我们的基因注定了厌恶冲突，在进化的过程中为了保证安全，学会了与他人和平相处。

儿时，有影响力的大人教育我们不要与人发生冲突，因为这是不礼貌的行为。

工作要求我们与人和谐相处，而违反这一原则的人则会受到批评，并被视为不合群的成员。

冲突是健康人际关系中的一部分，也是抵御有害关系的壁垒。

冲突厌恶很正常，但要注意不要将之转化为冲突回避。可以不喜欢冲突，但不要否认冲突。

第3章

不做冲突的旁观者

我正坐在一家财富 500 强企业高管的办公室里。除了他之外，还有其他几位团队成员。此次会面是希望我为高管们组织一次培训。团队希望有彻底真诚的对话，所以请了协调员来推动。对方是我的老客户，非常了解我的“甜蜜点”在哪里，即帮助团队进行高效对话。

会议开始了。我忍不住开始观察四周：办公室的装饰非常现代、实用，没有传统的一排高管必备的大红木书桌，取而代之的是一个非常舒适、随意的会议桌，参会人员依次坐在桌子两旁。但实际上，每个人都没有表面上看起来的那么轻松。其他团队成员非常紧张，他们迫切地希望此次会议进展顺利。

讨论一开始还比较顺利。领导给出了几个主题，分享了自己对项目的看法。随着话题逐渐深入，讨论也变得越来越平淡。在谈及公司时，他描绘出一幅美好的蓝图，但显然与我之前在这里参与项目时亲眼看到的事实有所出入。我有些疑虑，想到自己是受邀来帮助团队激发坦诚对话的，于是毫不犹豫地提出了自己的想法。

领导顿了一下，但很快将对话转回到更常规、更无新意的方向。我意识到自己的冒犯，但也没有细想，只是安慰（或者说欺骗）自己：这种尖锐的方式不正是我的特点吗？会议回到正轨，在结尾时我重复了领导刚提及的目标，并表示将会支持接下来的环节。

接下来的故事才是重点。显然，在我看来无关紧要的点，其实是别人眼里巨大的忧患。整个团队成员都非常担心会议的走向，显然，他们认为是我冒犯了高管，后续会有严重的后果。舆论都在怀疑项目是否会继续进行，至少怀疑我是否还能继续参与项目。

如果你是团队中的一员，在这种情况下，你会怎么做呢？你的老板受到了冒犯，却只字未提。你不知道他如何看待此次对话，也不知道这将会对你的项目带来怎样的影响。咨询师的举措有失妥当，但她又非常强势，你也摸不准她会如何回应你的质疑。这时候，你会对谁说些什么吗？

后来，我收到一封来自项目负责人的邮件，这是我得知自己确实冒犯到了高管的第一条线索。在邮件中，负责人轻描淡写地问：“你觉得进展如何？”糟了，如果进展顺利的话，是不会有人问这样的问题的。我和他在电话会中进行了沟通，整个过程也像那封邮件一样让人难以捉摸。开始是项目成员互相寒暄，之后负责人问我：“你觉得会议进行得怎么样？”我停顿了一下。很明显，在我说出自己的观点之前是得不到任何反馈了，对方是希望我能承认自己搞砸了一切，以避免他们主动开口的尴尬吗？

坦诚来说，能提出这个问题的团队成员已经比那些一言不发的同事好多了，至少通过这个问题，我知道自己有做错的地方。我的答复是，会议实现了最初的目标，但我很担心领导对我发言的评论。但这个回答仍然没能让大家敞开心扉，电话会议直到最后仍鲜有成效，我还是不知道自己应如何改进，但确信今后工作要更小心谨慎。

真正让我厘清思路的是团队中另一成员私下给我打来的电话。这是一位头脑清晰、心地善良的女士，她坦诚地告知了我当时的发言对高管和项目的影响，并且开门见山地说，她希望项目能顺利进行，并与我分享了自己认为当时的发言将带来的后果，以及接下来我应该如何去做。我心怀感激，是她与我分享了我真正想要了解的信息，让我更有信心地参与接下来的项目，更重要的是，让我感觉到自己并非孤军奋战。

同在一个团队，为什么成员的表现千差万别呢？我想是因为每个人对待冲突的心态有所不同。认为凡是冲突都是恶性的、不愉快的人会保持沉默，但如果认为冲突虽然不愉快但非常重要的人，还是会指出潜在的问题，准确地传达自己的意见的。如果一个人相信冲突能带来更好的理解和更理想的结果，他会直截了当、实事求是地指出问题。幸亏这个问题是在项目早期时出现的，让我能有机会鼓励对方和我直接交流，所以在项目后期的进展中，大家都诚实地给出反馈，确保项目最终可以取得成功。

反对冲突的案例

为了摆脱尴尬局面，人们可以编造出很多故事。还记得“鸡毛蒜皮小事委员会”在你耳边嘀咕过的那些借口吗？“如果不是说好话，就不要说了。”“管好自己的事。”“把她惹生气了然后针对你怎么办？”还有那些牢骚的声音：“你不能这么说，会被开除的！”如果你选择听取这些声音，问题就永远得不到解决。没有人愿意当一个刻薄、吵闹或者被迫失业的人。

解决冲突将使各方受益，用这一新视角看待冲突才是我们解决以上问题的唯一方法。我们应该把脑海中否定的声音都换成积极的暗示，鼓励人们去做正确的事，而不是知难而退。是时候一个个清除“鸡毛蒜皮小事委员会”成员们了。

善良是新的友善

首先从一号委员开始：奶奶。我并不是说奶奶鼓励我们待人友善是错的。当别人以善意对待我们时，我们也要友善待人。当双手拿满东西时，我希望有人能帮我开一下门；如果你认为我的想法很棒，我希望你能不吝赞扬。积极的语言和行动都很棒，但问题是，**我们常用为人友善作为借口来回避给出有建设性的意见或做出行动，或者以友善之名拒绝良性冲突。**

在刚刚财富 500 强高管会议的案例中，我相信那些保持安静、没有表达自己顾虑的人是想保持友善。直接告诉我搞砸了，就意味着他们质疑我的能力（或至少质疑我的判断力），让我感到沮丧，也让我担心是否会失去这个客户。这样一来，将让人感觉多么糟糕。

但是，一时的善意并不利于长期的发展。如果没人让我意识到自己的发言对高管带来的影响，我可能毫无意识，并在下一次会议时继续直言不讳。这样下去，我大概会因为“不服从”这一理由而被解雇，丢掉这个重要的项目。善良要比表面友善更好。

你可以试着用友善与善良的对比视角去评估工作中的关键人物中的冲突。设想一下，你是拍板人之一，最终决定哪个项目可以获得全额资金支持，哪个项目要被否决，而哪个项目要在资源不足的情况下苦苦挣扎。所有人都在努力工作，你不想让任何人失望。那是应该在他们辛苦努力了三个月之后终止项目，还是应该等到他们已经努力了九个月再残忍地通知终止？

在我为毕业论文调研时，就曾遇到过这样一个为别人的友善而付出了代价的团队。这个团队用了 14 年的时间去研究一项创新性产品。虽然创意一开始是好的，但随着策略转移，公司已经不再需要这种产品，因此也没有给予其优先的预算。每次筹备资金时，这个团队总会收到平平淡淡的反馈和刚好用来扛住下一年的经费。大家都不敢坦诚地告诉他们这个项目没有前景。后来因为急需用钱推进研发，团队想出了一个激进的办法。在总裁到访期间，他们劫持了他的豪华车，并在车内做了产品演示。不得不说，团队确实勇气可嘉。

不幸的是，这个故事并没有一个童话般的结局。总裁并没有支持这款产品的研发，而是亲手毙掉了它。之前所有想要保持友善的人，导致了团队如今在总裁面前尴尬不已——这种做法可不算善良。14 年的努力，几百万美元的投入全部付诸东流。毫不意外，这家大型公司最终也走向了破产。从这个案例中不难看出，利用为人友善为借口来回避冲突，确实会带来财务损失。

想一想我们在公司中因为友善而带来的损失吧。如果不说刻薄话，那么别人努力打造的产品线会因你而搁置；如果只想说些漂亮话，那你就不会告诉供应链主管，其实他做的远不能帮助你降低成本；如果不想带来尴尬，那你肯定不会告诉产品部门的同事，他们的设计不会受消费者喜欢。如果一味地追求友善，那你所忽略的就是善良、利润、创新以及未来五年的发展。

所以，等下次奶奶再提到你说的话不够友善的时候，请问问自己：

1. 如果我这样说了，对方的状况是不是会比现在更好？

2. 如果我这样说了，对方是不是能避免比现在更糟？

3. 当下做出的艰难决定，是不是更有利于公司的长远发展？

如果所说的话从长远来看是有利的，那么即使残酷一些也没关系。这只是另一种超越了礼貌和面子的友善，更接近于大爱的友善，这样的友善让我们有责任忽略眼前的尴尬和困难，只为了所有人更长远的成功。

不做局外人

想要积极地应对冲突，我们需要面对的第二个问题，是要勇敢地“管闲事”。正如二号委员——老师们曾教导的，“管好你自己的事”要比自告奋勇地管别人的事更简单、更安全，也可以说更有礼貌了。我相信相比于袖手旁观，你肯定能找到理由去管别人的事。

有些我们常以为事不关己的事，实际上恰恰与自己紧密相关。不如现在设想一个你曾经在工作中遇到过的混乱且低效的情景，然后回答以下问题：相关同事的名片上，是否和你印着同样的公司名称？他们的作为是否会影响你的顾客、供应商或合作伙伴？你努力忽略的这场混乱局面，是否会影响到你的工作质量和效率？如果你在以上问题中至少有一个回答了“是”，那这就是你的事。

两个团队就如何设计流程而争执，如果你是这一流程的执行方，那这就是你的事。你需要判断哪个项目应该优先，而哪一个需要再等等。其他事例如同事之间永远不会结束的争吵，对前台接待无休止的抱怨，老板总是喜欢派给同事更高阶的任务。这些都是你的事，所有尚未妥善解决的、与你的工作相关、与你的顾客相关、与你的公司相关的事都是你的事，也都有可能是你提升自我价值的良机。

虽然我们有时能判断出自己并不受对方欢迎，但问题的关键不在于此，而在于自己的干预是否有价值。不如换种思路来审视一下自己作为冲突债务旁观者的角色。如果有两个或者多个同事陷入冲突，他们一般很难在短时间内自己解决问题。双方开始越来越钻牛角尖，只顾得上从自己的角度看问题，讨论也往往从理性逐渐掺杂入越来越多的个人情绪。一旦到达这个点，如果没有外界干预，冲突就很难自行终止。作为旁观者，我们能给出的最为重要的帮助是更多的客观性和情感距离。和沉浸于冲突中的当事人相比，我们更能给出可行的解决方案，也比当事双方更具有解开矛盾点的优势。

我记得有一个团队特别符合这一点。这是一个食品行业的管理团队，主管人是思路和做事风格都非常利落的马特，他是一个你肯定不想与之发生冲突的人物，但又总是有员工让马特不满意。在一次每周管理例会上，马特选中了销售部部长史蒂夫。马特就销量的问题向史蒂夫发起了连环攻击，一直追问他销量下降的原因，没有给史蒂夫一点喘息的空间。马特指出了几款产品，罗列了几个能证实自己的数据。史蒂夫惹麻烦了，不管他怎么说、怎么做，马特仍然难以冷静下来。如果史蒂夫退缩，承认自

拒绝做

旁观者

不管是小摩擦

还是严重的

不公平

都会让你的

团队

越来越好

己也不知道为什么销量会下滑，只能招惹来更多的麻烦——马特最讨厌员工软弱、逃避责任。但如果他站出来为自己辩护，那只会让这场双输的拔河比赛越拖越久。

这时，良性冲突大师罗素加入了。他一直在旁边默默观察，等待介入的最好时机。虽然罗素在运营部门工作，但他确实是一位经验丰富的商人，并且在刚才的对话中找出了马特逻辑上的漏洞。未等到马特停顿，罗素直接接过他的话，不慌不忙地说："似乎传统产品的销量下降和我们这周有机产品促销有关。"所有人都抬起头来。罗素知道自己不用解决问题，只需要为讨论提供一个新的走向。"史蒂夫，你能不能介绍一下，这个情况是因为有机产品的促销导致的暂时性销量下降，还是说已经是一种发展趋势了呢？"会议气氛马上转变。刚刚似乎是领导者目光短浅地专注于自己的愤怒，完全忘记会议桌边还有十几位旁观的参会者。罗素的发言让马特从愤怒中冷静下来，会议也从单纯的指责批斗转变为了解情况。我们要关注的应该是接下来如何做，而不是过去犯过哪些错，重点不是冲突，而应该是去解决问题。罗素本可以像其他参会者一样，静静地当个旁观者，但他却及时地参与进来，把会议引向了一个更有成效的方向，史蒂夫也因此喘了口气，可以好好地回答马特之前提出的问题。

罗素的案例并不典型。人类的第一直觉是保护自己，而不是一头扎进危险里。如果团队冲突越来越严重，我们需要考虑一下自己站出来的必要性。当我想到 #MeToo 运动，想到哈维 · 温斯坦（Harvey Weinstein）、比尔 · 奥赖利（Bill O’Reilly）还有凯文 · 斯佩西（Kevin Spacey）这样的人滥用权力，最让我痛心的是旁观者的态度。说实话，我并不意外这世界上有很多恶毒的人会滥用自己的权力，我也理解为什么受害者选择缄默不发声。但是那些助理、人力资源专家还有董事会成员，眼睁睁地目睹这些有权力的人侵犯弱者，还能悠闲地坐在一边，这让我最为痛心。

下次如果再听到脑海中回想着老师们“管好自己的事”这样的声音，请问问自己这几个问题：

1. 我的干预能否缓和当前局面中权力失衡的状况？

2. 我能否利用自己的公信力或者影响力改善当前的局面？

3. 我的观点能否为当前的局面提供另一种解决方案？

要干预当前棘手的局面，你不需要有很大的勇气，只需跳出常规的规定，从一位冲突当事人的角度去思考。介入冲突并不意味着越界，只代表着你对自己的团队和公司的成功有着多一分的责任。不管是日常小摩擦还是严重不公，拒绝做旁观者，都会让你的团队越来越好。

战胜情绪

我们要摆脱的“鸡毛蒜皮小事委员会”三号成员，是对情绪爆发的恐惧。如果总是小心翼翼地避免惹怒他人，我们又如何能积极地应对冲突呢？情绪化类型的人让我们畏首畏尾。别误会，人们总以为避免了冲突就能逃过戏剧化的情节，并不是这样。像沮丧、愤怒、悲伤、愧疚或忌妒等情绪，如果一直潜伏在表面下，它们就会持续地影响你的团队和工作效率，直到你在某一天把这些负能量彻底解决。最快速处理冲突的方式不是绕开情绪，而是直面情绪。

以全球高科技公司的高管莫妮卡为例吧。我曾经协助过莫妮卡和她的另外五位男性同事，其中包括她的老板——公司总裁。在一次常规的战略会议中，莫妮卡突然毫无征兆地哭起来。所有的男同事都尴尬地坐在椅子上，面面相觑，等着我来处理局面。这不就是人们雇协调员的目的吗？帮自己收拾烂摊子。

倒回到 10 分钟前，我们正在讨论公司的增长和未来计划。所有的话题都围绕着刚收购的小部门，忽视了莫妮卡负责的已经成熟了的大部门。当其中一位同事请她谈一谈对战略的看法时，莫妮卡终于抓住了发言的机会——这个同事所给予的发泄愤怒的机会。“我的部门的规模是汉斯部门规模的四倍，为公司贡献了大部分的利润，但我的团队却几乎得不到任何关注。大部分研发经费都分配给了汉斯的部门，更不用说前三次收购也都分配到汉斯那里。我应该如何跟自己的下属交代？”莫妮卡之前谈过自己团队发展所需的资源，但没有人在认真听。大部分的时间里，她都是耐心而有礼貌的，但今天的莫妮卡已经厌倦了满世界飞来飞去见客户的生活，而当同事终于问到她团队需要什么时，她忍不住大哭。

会议继续，甚至都没有安排茶歇。大家都保持了镇定，我淡淡地对莫妮卡说：“好的，你说的事情非常关键。”同时，我鼓励其他同事以冷静、理智且友善的方式就尚未解决的事情提出问题。所有人将莫妮卡的情绪爆发看作另一组值得讨论的数据，就像和其他的信息一样真实而有价值。莫妮卡也逐渐地冷静下来，控制住了自己的情绪。她很快就擦干眼泪，又回到了大家都熟悉的慎重、务实、严肃的高管状态。

实际上，团队愿意去聆听莫妮卡的感受是当时最好的结果。总裁也在所有人面前承认，最近太过关注令人激动的新项目，而忽略了一直为公司创收的老项目，这种做法非常危险。同事们也谈起莫妮卡多次提出诉求都未得到关注，以及今后应该如何避免这类事情的发生。情绪发挥了作用：提醒了大家被忽略的事实。

亚历克斯·彭特兰（Alex Pentland）曾在麻省理工的实验室中进行过一次非常精彩的实验。他研究了上百种变量，目的是找到影响团队绩效的因素。[9] 结果显示，在不同类型的工作中，最为重要的影响因素是团队成员的情绪状态是否保持一致。**成员们的情商，而非认知性智商，是预测团队未来发展的关键因素**。我们常说情绪较为敏感的人是脆弱的，但研究结果却恰恰相反。

如果你仍在纠结如何处理工作场所中的情绪，不妨试试以下方法。我发现用对待痛苦的方式去对待不愉快的情绪非常有效。以上两者从长远角度来看都对人无益，却都能唤醒我们对一些隐藏问题的关注。情绪爆发的价值在于，它让我们意识到冲突的存在，也大概了解冲突为何发生，这两点都非常重要。如果情绪得不到发泄，就会逐渐酝酿、发酵，拖延决策时间，影响执行质量。对情绪置之不理，则会带来更为严重的影响。

下次，如果听到脑海里的声音因为惹怒别人而指责你，问问自己以下几个问题：

1．如果不重视或者不解决这些问题，能否更高效地推进工作？

2．是否不管讨论得多么激烈，这个问题都必须提上桌面，不能回避？

3．如果理解了他人的想法，是否会帮助我更好地理解这个问题？

工作中的情绪外露不应被看作不当行为。不要因为担心激起愤怒或眼泪而回避冲突。陈旧的职场礼节规定早已不再适用。只要是在与人打交道的工作中，情绪就是不可或缺的一部分。与其置之不理，任其影响工作进程，不如直面情绪，解决问题。

反驳你的老板

委员会四号成员是我们亲爱的爸爸，总是告诉我们为人友善，远离麻烦。对于成年人来说，麻烦就是被老板开除。每周都有不同的人告诉我，如果采取我的建议，把问题提上桌面，就有可能被炒鱿鱼。根据多年与不同级别的管理者合作的工作经验，我很确信大家都过虑了。虽然没什么现实依据，但这些顾虑仍让人焦虑不已。希望对领导说实话？你首先要明白，冲突的作用是让你成为更有价值的员工，而不是害人丢掉饭碗。

我曾合作过的一位领导者就很难想象出与老板冲突之后会有好的结果。在一次我协助进行的领导力课程中，参与者是一家连锁零售店的部门主管和副总。公司的老板和高管团队希望他们能够进一步承担起更多的日常管理工作，让高层可以有更多的精力关注在整体策略上。从办公室里的闲谈议论中，我发现主管们并不买账。虽然高管们强调着关注重点，但自己废话也没少说。

主管之一皮埃尔给我举了这样一个例子：“根据职位描述，商品类别管理员应该向我汇报定价方面的最终决定，但就在这周，一位高管绕开了管理员，擅自更改了某个产品的价格。”皮埃尔认为，这不仅仅对商品类别管理员不公平，也让他感到深深的尴尬和无力。我建议他向老板直接提出，他以一种难以置信的表情看着我说：“说得轻巧，我跟老板说完就该把简历拿出来去找新工作了。”

皮埃尔不相信这么做的可能性，他害怕了。我猜测他既担心直面老板，也为无法为自己的下属撑腰而沮丧。皮埃尔不知道用何种方式提出问题才不会让老板生气，所以我帮他一起考虑了一些可行的方案。

第一，就一些和公司业务相关的问题发表自己的评论。在这个案例中，高管们正在讨论应该让主管们多多负责日常业务，让高层腾出时间和精力思考如何从策略上对抗亚马逊公司。你可以在讨论中提及一些有争论的事项，让大家意识到这个问题足够严峻，有必要引发一些冲突。皮埃尔需要和老板提到领导力项目，以及他和同事们如何看待管理日常事务的安排。

第二，提出事实。不用过多评论，只需准确而客观地表述事实和结果。在皮埃尔看来，老板似乎确实当着下属的面让他尴尬，但绝不应该就此反驳对方。皮埃尔只需提到“当你修订价格时”即可，没必要再增加一些戏剧化的表述，例如“你否定了我的决定”。

第三，借用公司价值观的表述来丰富你的发言。这样做可以让整个对话都设置在所有人都认同的背景中。皮埃尔可以借用公司价值观中的正直原则来解释为什么他认为有必要提出自己的顾虑。

第四，别逞强。向老板提反对意见可不是你摆出力量姿势的时候，更不是主张自我或下最后通牒的时刻。放弃简单陈述，试着多提几个问题来引起老板的兴趣。这样的话，即使老板不喜欢你的观点，我们还能给自己留些回旋的余地。

你可以采用以下的表述：“我听说您认为我们给粗粮面包的定价定错了，所以让佩妮去重新修改。我担心佩妮这样做会犯越权的错误，但您最近提到让大家着手管理更多日常管理事务，所以我想借这次机会让佩妮尝试一下。您觉得可以吗？”

皮埃尔的老板锐意改革，也欣然接受了意见。我知道并非所有的老板都能给出积极反馈。想象一下，如果老板直接打断：“这不是简单地给粗粮面包定价，皮埃尔！这是有关我们的利润，以及我们公司在未来两年还有没有机会存活下去，你不明白吗？！”这时候就体现出我们之前没有把请求说得太死的好处了。你可以说："对不起，我太关注员工佩妮的发展，忽视了品牌和利润。我明白了，我会向她解释调价的必要性。"

在老板面前表现出你一直认真聆听讲话，这一点很重要，体现了你对工作的重视，愿意不惜代价地说出自己的顾虑，勇于和老板保持不同意见，领导者会因此而对你刮目相看。当然，你需要谨慎地选择自己的观点，特别是当话题涉及公司的核心利益时，谨慎地提出建议比将其搁置一旁要好得多。

还有很多例子可以证明，有时和老板之间的冲突是值得的。当上司并没有清晰地传达出他的预期时，我们有必要及时提问，确定任务的优先级。当老板分配了一个超出你能力范围的任务时，我们有必要表明观点，而非默默忍受。当你和同事得到的指令互相矛盾时，我们有必要及时向老板澄清、确认。在以上案例中，直面甚至反对老板，反而能帮我们避免今后更大的不愉快。如果现在不解决问题，很可能意味着你把错误的任务优先处理，反而把重要事项搁置一旁。如果在面对超出能力范围的工作量时保持沉默，那你可能要承受将来犯错误的风险。如果现在不解决和同事在工作中的分歧，那就要做好面对这个雪球在未来越滚越大的准备。并非大事小情都值得去找老板理论，但是在必要的时候这样做，用当前的一些小尴尬替换未来的大灾难，还是值得的。

下次如果听到脑海里的声音警告你认真工作，别惹麻烦，问问自己以下几个问题：

1．我是否需要违背老板的指示去争取成功呢?

2．现在提出异议，是否能避免我在未来面对不理想的结局?

3．如果我鼓起勇气这样做，同事们是否会因此感激我?

我记得有一次跟一位国际银行的总裁反馈说，他的下属因为担心被开除而不敢和他说话时，对方非常疑惑，不停地问：“谁？谁曾经因为反对我被开除过？”从这位总裁身上我们不难看出，让他失去信任的不是提出问题的人，而是躲避问题的人。

是时候决定哪些问题值得你去冒险。务必机智而谨慎地选择与上司对抗的方式。可以先从与工作相关的话题入手，然后用提问的方式逐渐开启，在必要的时候示弱。但你早晚会发现，在面对你认为有价值、有必要让同事和领导注意到的问题时，勇气和意志力会让你站出来。打破现状需要勇气，但安于现状的代价会更大。

新思路

为了发展业务，提高效率，公司里有大量急需处理的事务。如果回避、推迟或敷衍解决，冲突债的代价会越来越高。我知道处理冲突很难，所以我们需要一个新思路。不要再把卓有成效的冲突看作刻薄、危险且令人沮丧的行为，你需要转换思想，将其看成是友善、有益且对公司有价值的做法。从长远来看，这样的思路才能帮助你和公司发展。

小提示：每次当我发表一篇关于冲突的建设性思路时，总有奇怪的评论说我的方法是“操纵他人、居高临下、容易被识破且低效的”。如果你也有同样感受，大概这本书早就被你拿去垫仓鼠笼子了。但请让我简单说一句，本书中所有提到的高效良性冲突的前提，都是你希望拥有高效冲突。如果你只想赢，只想主导，或者不管付出多大的代价都要把自己的观点强行灌输到别人的脑子里，那么或许这本书根本不适合你。

高效冲突这一思路的基础在于，事实不止一面，思维的多样性将会带来更好的结果。理论和事实证明，努力从会议桌上的另一方的角度去看问题，不仅能带来更高质量的决定，后续的执行也会更顺利。[10]

在接下来的几个章节中，你将阅读到高效冲突的技巧。但这并不意味着高效冲突的思路是与生俱来的，更不代表它们能被轻松掌握。我在第 2 章中提到过，正确的冲突思路是与我们的天性和后天培养的习惯相违背的，但也正是你需要在工作和生活中加强的。

本章小结

克服冲突回避需要新的思路。我们需要推翻否定心态，更关注于通过冲突可以取得的积极成果。

虽然表达异议在当时并非易事，但从长远角度来看，告诉别人他们需要了解的信息，哪怕是忠言逆耳，也是我们能做的最善良的事。

不要再做冲突的旁观者。参与进来，帮助矛盾双方从更为客观的角度解决问题。

不要害怕情绪。将情绪看成是发现问题的重要线索。冷静而友善地和情绪失控者交流，帮助其找出隐藏的问题。

向老板提出反对意见时，不要忘记同时给出一个更好的方案。谨慎而不失尊重地表达不同意见，在必要的时候给自己留条后路。

[第二部分]

解决冲突

冲突密码

在第 1 章中，我与大家分享了高效冲突对公司的重要性，我们常需要冲突来帮助敲定策略、分配资源，对任务进行优先级排序。回避冲突会带来冲突债，阻碍团队的进步，也让个人饱受情绪失落、精力分散和体力消耗的困扰。我建议大家开始直面冲突，避免再次陷入冲突债中。

在第 2 章中，我告诉大家，要做到立即处理冲突并不像说说这么简单。人类是群居动物，我们不愿意在部落中威胁自己的同伴。我们还一起追溯了在成长过程中是如何受到父母、祖父母、老师和教练的训导，努力成为一个友善、好相处的人的。而进入职场之后，这些意识也一遍遍地在增强。我提醒大家，小心你的冲突厌恶会逐渐转化成彻底的冲突回避。

我在第 3 章中列举了一些冲突回避的例子，讲到这些脑海中的声音可能一直都在帮倒忙，并提供了一些直面冲突的方法。处理冲突可能在当时不太愉快，但从长远角度来看却是更好的处理方式。捂住耳朵拒绝反对意见很容易，但目睹团队低效仍保持噤声则可能会带来麻烦。我鼓励大家不要害怕情绪爆发，而是开始将此看成是找到潜在重大失误的线索；我建议大家不要因为害怕丢掉工作而不敢开口，能挑起冲突的员工才是有价值的人才，并不是可有可无的。以上这些观点能帮助你培养积极的冲突观念。

在第二部分中，我们将主要谈谈如何预防生活中的大部分冲突，以及如何能让剩余的无法避免的冲突更有成效，产生更少的敌意。你即将了解到如何去积极地建立一条沟通渠道，如何与同事建立信任。接下来，我会介绍一些技巧，帮助你建立强大的人际关系，化敌为友。最后，我会介绍一些实用技巧，告诉大家如何转移敌对冲突，如何通过沟通交流、联结和贡献，寻求建设性的解决方案。

第4章

建立沟通渠道

距离团队每周例会结束还有三分钟，同事们已经在收拾东西了。你的领导要求大家安静下来，他还有最后一件事要说。他通知大家，公司将要举办一次烘焙义卖会来为当地的医院筹款。开玩笑吧？你心想，还嫌我的事不够多吗？领导并没有给出很多细节，只是简单地提到公司老板发了一封邮件说所有部门都要参加，本部门需要志愿者。你挤出一丝笑容，报了名。

仔细想了半天，你最终决定带自己最喜欢的胡萝卜麦芬蛋糕去参加，这是你最擅长的烘焙品，所有的朋友都对此大加赞赏。当天早上，你端着自己精心制作的香喷喷、金灿灿、带着松脆外沿的烤盘走进餐厅，一脸骄傲，忍不住冲着只拿了外卖甜甜圈来的同事约翰翻了个白眼。老板拿起蛋糕，厌恶地皱皱眉说：

“麦芬太无聊了！谁会在烘焙义卖上买一个胡萝卜麦芬回去？！”万万没想到自己竟然因为带错了烘焙蛋糕而被老板骂，你委屈地说：“但你没说要带有趣的烘焙啊，你只是说要拿来做烘焙义卖。”老板去自动售卖机买了一袋M&M豆回来说：“我来补救一下！”随后把一整包巧克力豆倒在了麦芬上。蛋糕被浪费了。

烘焙义卖的例子可能不太恰当，却代表了大多数公司的沟通模式。上级匆忙地给出模糊的指示，下级尽力照做，但事后才知道努力的方向和领导的要求不一样。员工不得不修改甚至放弃之前的工作，所有的努力都前功尽弃。而在这些烘焙案例和所有类似的冲突中，最让人沮丧的是，这一切明明可以避免。

尽早提出想法

如果不去当面和领导沟通，确立有效的沟通渠道，信任搭建不起来，实际上就是在为之后的冲突埋下伏笔。尽早进行积极主动、清晰透明的讨论，能帮助我们从一开始就建立起信任。有效沟通是冲突法则中的关键部分，能够让团队更加紧密，信心更足。如何能够与公司中的管理者、团队成员、直属领导和同事开展更有效的对话？花一些时间与这些利益相关者确定信息，保证信息一致，能够避免之后的重大冲突。

与老板沟通

最需要与之确定沟通渠道的对象是我们的管理者。与老板开诚布公的交流能有效减少冲突，也能让一些无法避免的冲突不那么棘手。有些人不敢问老板太多问题，但请记住，助力员工成功是老板的职责。如果想要更高效地工作，别害羞，大胆向老板寻求帮助吧。

为了预防和老板产生冲突，需要做的最简单的，也是最紧要的事是在开始工作之前，先搞清楚他的要求是什么。但事实上，大多数人还没搞清楚自己要做什么，就一头扎进工作中忙了起来。你是否也有类似经历？你的老板是否也曾下达过模糊的命令，却希望员工自己摸索到正确的道路？或许你想展示出一种“我能行”的态度，或许作为手下，你担心承认自己没有听懂要求会很丢面子。那么，我来告诉你什么才是真正丢面子的事：假装一切都好，最后拿出的成果却一团糟。老板甚至不知道该从哪里去找问题：是下级的听力不好，还是工作动机出了问题，抑或是能力不行？**如果能在行动之前澄清任务的重点，不必要的冲突全都可以避免。**

在烘焙义卖的案例中，几个简单问题就可以完全避免整场冲突：“这是一个什么类型的烘焙义卖？什么样的烘焙品类比较合适呢？”这样你就会知道老板想要的“有趣的”烘焙食品是什么了。之后在选择菜谱时，你可以再向老板确认一下自己是否把时间和资源用在了对的方向上。“我准备做胡萝卜和南瓜麦芬，颜色鲜艳，非常有趣，您觉得怎么样？”尽管老板可能会拿这个素食版的“有趣”食谱开玩笑，但至少最后你的作品不会面临被M&M 豆摧毁的尴尬。

但是，事实上，快节奏让很多领导常常临时更改决定。我遇到的很多老板都认为临时更改计划能更快实现目标。但结果却很讽刺：临时更改指示并不能加速进程，反而会让后期修改成本上升，重新返工，最终延迟实现目标。

赶工的危害不仅仅是让速度放慢。如果一开始没有沟通好工作预期，交工时也很容易引发冲突，工作未按上级的要求完成，相互的信任受损，士气锐减。老板因为你没完成工作而生气，你因为老板没说清楚要求而懊恼。

避免在项目开端就堆积冲突债务的方法是一开始就确立沟通渠道。如果不清楚领导的要求是什么就不要开工。直接去问几个问题了解情况，理解要求，弄清楚一份合格的工作是什么样的。比方说，你可以这样问：“这个项目是来自哪个客户？”“预期是什么？”“其中最重要的部分是什么？”以及“您对最终产品的预期是什么？”就像这样，在开工之后，记得再去确认自己的方向无误，能帮你节省大量的时间和精力。如果在把所有的食材进烤箱之前提前告知老板菜谱是什么的话，烘焙义卖上的你也不会如此尴尬痛苦了。

与同事沟通

在与同事相处时，彼此间的权力分布不如与上级相处中那么明晰，更容易使诉求传达不清，导致之后的冲突。我明白，大家不想让自己表现得咄咄逼人，我并不是建议大家对同事们发号施令，关键在于大家分工明确，了解自己的职责所在，知道彼此如何配合。

当职责不清、分工不明时，彼此间的信任就容易出现崩塌。如果任务重复分配给多人，我们总觉得同事在多管闲事。相反，当任务无人执行时，出了问题大家又会互相推诿。别让团队埋头苦干，而是要在工作开始前就核查任务，确保所有人明确自己的工作职责。如果共享职责无法避免，请在此前讨论个体能在任务中贡献哪些独特的价值。

需要与团队成员分享的不仅仅是任务目标，更要齐心协力去实现目标。随着任务量越来越重，有时候我们没办法按时按质地完成，必要时需要和大家协商任务分配，避免出于自己的原因让团队失望。你可以这样说：“我手头的活儿太多了，我知道大家都在等我来协助完成这份报告。如果我今天拿出来一小时，大家最希望我从哪方面入手？”当我们无法实现之前的承诺时，记得告知同事让大家选择备选方案。你可以这样说：“我大概在周五前发不了那份数据表了。你们要不要别再白等着，想一想其他方法？”以上两个案例都告诉我们，提前告知虽然尴尬，但能避免日后更不愉快的冲突。

跨团队沟通

和自家老板或团队成员保持步调一致或解决冲突都相对简单，因为大家都身处同一集体，最终都为了同一个目标而努力，今后还会有机会和同事们互动，建立信任。真正有挑战性的是与其他团队成员合作，我们之前既和对方没有来往，今后也很少会有机会共事。在管理理论学专家莫滕·汉森（Morten Hansen）的一项五年调查中，5000 名员工里，有 46% 的人认为跨团队合作中缺乏信任。[11] 没有信任作为基础，不管是树立共同目标还是确立目标预期都会颇具挑战性，也更难取得卓有成效的结果。那些公认的擅长与他人建立彼此信任的人，要比那些不擅长的人工作表现得更好。如果可以的话，大家请确立起沟通渠道以备不时之需，而不是在需要别人帮助时再慌忙求助。

我知道这不是件容易的事情。考虑到眼下正处理的工作量，不难理解为什么我们通常会在迫不得已时才去寻求其他部门的帮助。不妨设想一下，我们在急需帮助的时候再去联系别人，几乎没时间寒暄，也来不及向对方展示自己的善意，只能仓促地说："鲍勃你好，我需要一份新网站的流量报告。"同事冷不丁地接到这个任务，非常疑惑："不好意思，你刚说你是哪个部门的？"我们自顾自地请求他人帮忙，却丝毫没考虑对方的工作和他的优先级任务。这样的行为可能已经触发了对方"这是个自私鬼"的报警器，而当你说"这个非常急，可以今天给我吗"时，只会让气氛更加紧张。如果只是在需要别人的时候才去搭话，我们实际上是让自己处于潜在冲突的境地中。大家请确立起沟通渠道，以备不时之需。老话说得好："宜未雨绸缪，勿临渴掘井。"

建立信任的四个等级

无论是和上级、团队成员还是其他部门的同事合作，主动培

建立一条

沟通渠道

以备不时之需

老话说得好

宜未雨绸缪

勿临渴掘井

养信任非常重要。如果他人信任你，对方会用更友善、更有利于你的方式去解读你的行为，更倾向于在困境中给予你帮助。与信任自己的人一起应对困难，阻力会更小，未来发生冲突的可能性也更低。

信任不是眨眼间就能建立的，明智的人会选择提早与共事者主动培养信任。我们可以从四个等级建立自己的可信度。第一，主动认识同事，让对方知道你，创造真诚沟通的可能。第二，赢取可信度，让对方信任可以放手让你自主完成工作，而不是每次都带着质疑。第三，证明自己的可靠性，不会被"微观管理"[①]。第四，也是最后一点，保持诚实，让大家都愿意真诚与你交流，乐意和你工作，而不是心怀戒备。只要你下功夫，以上各个步骤的信任都会逐渐培养起来。

1. 主动认识同事

在这一最基础的等级中，信任就是可预测性。了解你的人不会花很多时间观察你的行为，就算你行为古怪，大家也会见怪不怪，习以为常。而与不熟识的人交流时，对方很可能会仔细观察

① micromanaged，指上级在布置完任务之后密切地监督下级的完成情况。——译者注

你的一举一动，并且把古怪行为理解为威胁动作。这是因为，人类的大脑天生会注意到与众不同，特别是可能会对自己产生威胁的东西。如果之前没打过交道，同事很可能会将你视为局外人，或对你怀有戒心。

有一次，我曾受邀用30分钟的时间协助一群高管彼此建立联系和信任。当时有两家大型保险公司实施并购，而我则帮助并购后的“组合高管团队”进行团队建设。一位领导跟我说，他对成功的定义就是“甩掉‘我们’和‘他们’的概念”。作为一名心理学家，我不得不告诉对方，小团体和排外现象是无法避免的，这是人类的天性。我还说到，我能做到的是帮助大家从不同的角度来看待“我们”和“他们”。

活动一开始，我将两张带标签的表格分别挂在了会议室的两个角落，一张标注的是前公司的名字，另外一张标注了另一家并购公司的名字。我请所有人站在自己前公司的表格前，故意渲染了“我们”和“他们”这两个概念的影响，比如“你们是一伙的”，等等。接下来，我让大家撕掉第一层标签，下面覆盖的第二层标签露了出来。一个写着：“业务线领导”，另外一个写着：“公司职能领导”。我再让大家站到符合自己小组职能的标签底下，一半的领导者走到了另一个背板前。两家公司的财务主管、人力资源主管和市场主管都站到了一起，盯得保险理赔主管和申诉部门主管心里发慌。虽然前公司本身是一个强大的团体，但大家很快发现，公司内部也分着小派别。“你们都是冗杂人士。”一位扬扬自得的业务线领导开玩笑说。“哈哈，说得好。”来自另一家公司的他的新同事附和着。成功！我们已经重新形成了跨公司小组。后续我又组织了一系列的标签活动，严肃的与业务相关的问题，配合轻松的互动小游戏（烤土豆或者炸薯条）。活动结束后，在场的每个人都有了来自另一家公司的同组同事。一眨眼，大家的联系更紧密了。

当然，为了打破公司里的团队筒仓，不一定选择以上游戏，只要简单地抽时间去了解一下未来可能共事的人即可。试着先从一些小动作开始。例如，开会时选择坐在你不认识的人旁边，主动介绍自己。会议结束后，再利用收拾东西走出会议室的几分钟和对方寒暄几句。你可以说：“我们还没互相了解呢，你做工程师多久了？”慢慢地再逐渐找机会利用共享信息或者问问题的方式联络感情。合适的时候，你可以请对方帮个小忙。“我正在为新产品做设计，想听听团队之外的声音。可以发你帮我看看吗？”如果对方答应帮忙，你和他的关系就会瞬间拉近。我们的目的是让别人认识自己，知道有这样一位同事存在。我们想成为团队中有价值的存在，而不是做一个默默无闻的局外人。我们要成为“我们”，而不是“他们”。

2. 赢取可信度

在与他人建立联系之后，培养信任的下一步就是建立自己的可信度。领导、团队成员和同事都不会把工作放心地交给一个可信度低的人。我猜你肯定有过把工作交付给一个不熟识的人是多么让人焦虑的经历。如果同事们不得不指望你，却怀疑你的能力，工作肯定会乱套，你很可能会周旋在疯狂的同事之间，他们有的人恨不得事事自己把关，有的人则事不关己，高高挂起，对最终成品漠不关心。前者会带来主动攻击型冲突，后者则会带来被动攻击型冲突，两种冲突状态都对你很不利。他人对我们的能力产生怀疑是冲突的导火索，因此关键在于主动建立个人可信度。

你可能会想，**在实际做出成绩之前，我如何去赢得可信度呢？这是不是主要由我以往的记录来决定呢？**是这样没错，但在交付成品之前，还是有一些方法能帮助我们给人留下能够胜任的印象。赢得对方信任的第一种方式是，你可以分享一些自己在相关话题上的态度。“我上周参加了一次会议，关于如何推进项目获取了一些想法，不如茶歇的时候我和大家分享一下吧。”这时虽然没做什么，但实际上你已经通过展示自己的学识、才华而占了上风。如果同事们恰好很欣赏你的观点，将会随之更信任你。

一开始给出的观点不一定非常准确。如果同事们不认同你的观点，赢得对方信任的第二种方式就是询问对方的意见。我知道这个建议听上去怪怪的，但人类本身就是一种奇怪的动物，大家都会更喜欢和自己持相同意见的人。所以，不如向同事表示你很同意对方的观点。“我想了解一下你是怎么处理的。”简单一句话，对方对你的信任值会大幅增加。如果想要培养信任，被他人信赖，避免不必要的冲突，务必花些时间、精力去赢得自己在同事中的可信度。

3. 证明自己的可靠性

在完成了建立联系、培养信任的基本步骤之后，我们可以通过证明自己的实力来进一步获得同事的认可。哪怕你是这个世界上最厉害的人，如果没有实现预期要求，同事们对你的信任也会马上崩塌。我相信大家都不是故意犯错，但如果出现拖延交工、偷工减料，又或者是不符合同事的预期的情况，人们很容易会被贴上不可靠的标签。在怀疑你的能力或不信任你的时候，同事们往往会焦虑地监控你的工作，或者不厌其烦地一次次过问。

为了证明实力，你首先要明确其他人的预期目标。我们可以在工作开始之前就向团队传达自己能干可靠的信号，多花一点时间确认工作的规划，以及需要完成的时间。“我在团队中的职责是找到会议的赞助方。团队的要求是在 5 月底之前找到三家总赞助额为 50000 美元的赞助商。是这样，对吗？”下一步你需要做的，是不要等到最后一刻再完成任务。**记住，可靠很重要，让别人觉得你可靠更重要。**主动向团队汇报最新进展和动向，让大家对你的工作放心。“我在第二周就搞定了第一家赞助商啦！他们愿意赞助 25000 美元，现在一切进展顺利。”这样的反馈能让团队放心，相信你可以顺利完成任务。

想让别人觉得你可靠，另外一个与常识相悖的建议是：汇报成功之外，别忘记分享一下错误和失败。大家会认为你所说的都是实话，信任更多一分。如果担心来不及完成任务，千万不要隐瞒或试图自己解决问题，而要主动提早与同事沟通，获得他人的帮助。最不可靠的员工会隐瞒问题，导致大家来不及为突发情况做准备。证明自己的可靠性需要鼓起勇气，与团队进行开放透明的沟通。

4. 保持诚实

获取信任最后也是最重要的一步是诚实守信。如果能够让同事们确定你会诚实做事，与团队目标保持一致，大家的信任会更加坚定。我相信你不用我再赘述诚实的重要性，但你是否认真考虑过他人的想法？在困难时刻，诚实的信誉很容易崩塌，尤其是当你每次回避批评或躲避责任时，你在同事心中的形象就会受损一分。如果言行不一，他人对你的信任也将崩塌。如果当面支持他人或保持沉默，背后却议论纷纷、抱怨连连，将会对你的名誉带来难以修复的伤害。我们的目标是成为同事心目中言行一致的伙伴。

毁掉诚实的形象很容易，主动树立却难得多，但还是有一些诀窍可供参考。首先，敞开心扉，保持真诚，特别是当遇到棘手问题时更应如此。你要让同事相信自己能给到他们想要的信息。“这个消息还是由我来告诉你。盖里担心你并没有在报告中列举足够多的研究，他准备在明天的会议上提出来。”其次，坦白难处，直言顾虑。“我正在执行这项计划，但我担心自己在供应链方面经验不足。你在这方面有什么建议吗？”最后，及时承认错误。“今天的会议上我为自己辩解太多，这不利于项目的进展，我十分抱歉。以下是我想到的补救方法。”鼓起勇气承认错误，诚实应对，守住道德原则是最佳选择。如果不诚实的行为已经发生，请竭尽全力重新争取同事的信任。

其实所有的信任问题归根结底都是一个简单的基本理念：你的老板、团队成员和全公司同事的成功离不开你的参与。这种关联性让他们焦虑，也让团队项目变成了易燃、易爆炸的火药桶。

维持团队稳定的方法就是在棘手问题出现之前培养起信任。提前和同事们建立联系，让对方相信你是与他们并肩作战的队友。在实践之前就向大家证明自己的可靠度，赢得信赖。明确职责，通过小项目证明自己，让同事们放心把大项目交给自己，证明自己值得信任。别忘了在每个环节都要坚守道德原则，找机会展现自己诚实为人的品质。所有我们在培养信任的部门做出的努力，最终都会让无谓的冲突减少，或至少带来的是高效冲突。而那些信任我们的人则会在未来选择中站在我们这边。

多信任别人一点

以上介绍的都是如何树立自己在同事心中值得信赖的形象，我们还需要换个角度：如何让自己信任别人多一点？你可能会疑惑："难道不是人们自己的表现决定了他们是否值得信赖吗？"是的，但这也只是部分原因，我们对自己的想法也有很大的控制权。信任感并不客观，也无法像温度一样被精准测量，它存在于大脑中，由我们自己来决定是否去相信某个人。

不相信？做一下这个思想实验吧，你会发现信任感并非完全由客观行为决定。比方说，假想一个你绝对信任的人做出了给你带来负面影响的事，大部分人都会认为这是因为形势所迫，对方身不由己，然后说服自己继续相信这个人。“她不是故意给我找麻烦的，这个项目一开始的工作就没做好。”相反，一位你不信任的人就算给了你协助和支持，我们还是会找理由说：“他不就是随手帮忙嘛，我猜他肯定能从中捞点什么。”已有研究显示了以上的行为模型。**对于团队之外（我们往往不信任）的人，大家会把错误行为归因为这是他们的性格所致。相反，对于同一团队的成员，大家会把错误行为归因为这是形势所致。**这种判断力失误，又名“基本归因偏差”，只是加强了我们对于某人的固有印象。[12]

为什么说信任一旦倒塌很难重建？正是基于这个恶性循环，一旦信任被辜负，人会感觉自己非常脆弱，从而自然而然地想要保护自己，而我们的防守行为又激发了对方的自我保护机制，整个事态呈螺旋下降趋势。除了保护和防御措施之外，我们还可以在对方能力存疑的时候大胆给予信任。我将这一策略称为“信任袭击”（trusthack），它利用了心理学中的惊喜心态。大家都知道心中所想会影响手中所做（态度指引行为）。但很少有人知道这一说法反之仍然成立：人们通常根据手中所做来推算心中所想（行为指引态度）。修复信任时，不妨好好利用一下这一战略。

设想这样的场景：你和同事互不信任。再问问自己，如果相信对方会是怎样？接下来，请顺着这个方向做一个简单但重要的动作：准确、清晰地向对方解释自己的工作内容，保证双方都理解。比方说，你可能不信任某人代表自己参加跨部门的会议。但如果你选择相信他的话，自己就不用参加会议了，可以利用节省下来的几个小时处理其他工作。不用浪费时间空想，直接放手去做就好。你可以这样说："我很放心你代表我去参加这个会议，有三点我希望你能帮我提一下。"哪怕你其实不信任对方，但还是要表现出很放心的样子。

在行动上表示信任对方能开启两种良性循环。首先，因为想法和行为之间的矛盾，大脑会出现一种认知偏差。但如果坚持用行动表示信任，消除偏差的唯一方法就是改变对这个人的看法：我让他代表我去开会，所以我必须信任他。这样做至少能从你这一方提高这段关系的质量。[13] 其次，看到了你对他的信任，同事也会改变对你的看法（正如我之前所说，人们喜欢喜欢自己的人）。在觉察到你对他的信任逐渐增加时，他也会从自己这方提高双边关系的质量。而当你们双方看待关系的态度都有所转变时，之前的不和也早已化解。观念的转变会让信任逐渐加深，螺旋下降的关系发展趋势也会因此转头向上。

如果双方之间的信任早已崩塌，我们可能需要用较长的时间去释放信任的橄榄枝，等同事慢慢地克服"哪有这样的好事"的心态。但不要放弃。只要是正常的、没有性格缺陷的同事都会感受到随着信任而来的责任，并勇于承担。我知道这样做会有风险。对方可能会践踏你的信任。就把这当成是一个赌博游戏吧：如果对坍塌的信任置之不理，事情一定会更糟，但如果冒个险，首先抛出信任的橄榄枝，说不定情况就会有所好转。这样的机会应该抓住。

想要增强信任？先从一个积极的假设开始。在这之后，你的语言会改变，语调会改变，肢体语言也会改变。而当姿态和语调变得更开放时，对方也会做出同样的转变，形成良性循环。如果不去亲自试试，大家很难消除疑虑，但从行动上表现出对别人的信任，可以改变对方的行为，最终让这份假装的信任成真。

减少不良冲突的频率，降低其严重程度的秘诀就是在问题没有发展到亟须解决这一步之前，和主要相关方建立联系。在关键时刻之前建立沟通渠道，培养信任是冲突法则的第一步。在彼此信任的关系中，如果出现问题，人们通常会归因于外界环境而不是对方，我们是共同解决问题的战友，而不是相互攻击的敌人。提早沟通，远离冲突。

本章小结

冲突常是因为人们在没有了解他人的要求之前盲目行动而产生的。

在问题出现之前，提早与你的领导、团队成员、其他部门的同事建立沟通渠道，培养信任。这非常非常重要。

为了培养信任，你需要与同事建立联系，让对方了解你。对你的做事风格了解得越多，他们的信任也会越多。

多问些好问题，多展示自己处理工作的能力。在没有过往成就的时候也能为自己赢得信赖。

证明自己的可信度，让同事知道他们的需求会被优先处理。

诚实守信，特别是遇到困难也不做任何隐瞒。

积极地增强自己对同事的信任，用行动表示信任，哪怕这份信任暂时而言是假装的。

第5章

与他人建立联系

乔是一家中型保险公司核保部门的副经理。几个月前，乔需要为自己团队招聘一位新的项目管理办公室主管（PMO），这是一个关键岗位，他原本准备从外部招聘，这时却收到了来自苏的应聘信。苏是公司的老员工了，也是一位能力非常强的项目经理。乔的上司查理非常欣赏苏，想让乔给苏一个机会。虽然不确定苏是否有能力去管理如此繁杂的项目，但乔认为她整体来说还算不错，于是给了苏这个职位。

刚上任的几个月，苏做得不太好。她几乎把所有精力都放在处理前一份工作细枝末节的交接上，忙得焦头烂额，新工作也没处理好。乔看到这位新任PMO没有达成自己的目标，非常失望，但还是觉得要再给苏一些时间，让她慢慢适应。没想到后来，苏在一项非常重要的自动开账系统项目上出现了重大失误，在她的监管下，两个项目未能按时完成，导致外部技术供应商向公司发起了一笔巨款财务索赔。苏不但没有主动承担错误，还把延误怪罪到了除了她之外的所有人头上。苏还在团队会议上冲乔大喊大叫，埋怨他没有给予协助，还安排了太多的任务，然后摔门而去。这成了压倒乔的最后一根稻草。

乔准备将苏辞退。这时查理，公司的首席运营官，也是乔的老板，参与进来。他努力说服乔再给苏一次机会。查理提议可以调整一下苏的工作，帮她减减负。比如说，可以把一些其他项目分配给资深项目协调员，让苏能更好地关注自动化项目。或者，也可以把其中一些项目管理分配给外包的咨询公司，等等。总之，查理坚定地要留下苏。

但不管他怎么说，乔并没有动摇。“不行，行不通。”查理每给出一个建议，乔都会这么回应。查理没办法了，他不想强迫乔留下苏，只是觉得事情不至于那么僵。而乔觉得似乎所有人都认为他是坏人，他甚至怀疑查理想借此把自己踢出去，既然如此，他为什么不直说呢？乔怎么也想不通，在苏犯下了这么大的错误之后，查理怎么还能让她留在公司。

是战友，不是敌人

乔和查理已经陷入了一场棘手的冲突中。按照常理，乔和查理作为领导，应该在这场战争中并肩作战，但没想到两人竟会反目成仇。双方的情绪都很激烈，都没有试着去理解对方的处境。矛盾点很明确，乔不同意查理提出的所有解决方案，并且对于自己无权独自处理苏的事情而生气。查理对于乔的不配合态度也非常不满，如果能在协商之后调整一下苏的职责，就能帮助她成功。双方是怎样在这件事上走到针锋相对的地步的呢？

答案很显然，两人都没有听进对方的话，而是彻底沉浸在自己的想法中。但实际上在这之前，问题就已经出现了。他们谁也没提到自己的诉求，只是一味地表达不满和沮丧，都没有把自己最看重的点表达清楚。虽然争论的声音很大，但是没能把矛盾的根源找出来，也没有弄清楚争吵为什么会走到现在这一步。以上问题不解决，两人都不会轻易罢休，更不会主动去解决问题，于是开始向我求助。

我请双方坐下来一起聊聊，先问了乔一个问题："查理提供了几个解决方案，通过调整苏的业务职责来帮助她在今后更好地胜任工作。你怎么看这些方案？"

乔重重地叹了口气。在他费尽口舌之后，查理还是不能理解自己，乔觉得非常生气。但他还是努力用平静的语调回复我：“我不知道。我也不确定这些办法会不会有帮助。我担心的是，苏在处理单一项目的细节时比较得心应手，但一旦同时处理多个项目，她就会慌了手脚。如果我们留下她，怎么保证这种事情不会再次发生？”在说到“这种事情”的时候，乔使劲摆了摆手。我顺势接着问他：

“‘这种事情’，你指的是哪种？”

“苏工作失误，项目延后，到头来冲我大喊大叫，把责任都推到我头上。”乔说着说着，声音沙哑了。有进展了，乔为这场冲突的根源提供了线索。

“你介意的是苏前一天在办公室的表现，介意的是她把出现的问题都推到你身上，是这样，对吗？”

乔逐渐情绪化，却也让这场对话越发真诚，如我预期的那样。他说：“对啊，我确实是在意那天的会议！她让我在整个团队面前颜面尽失，让我毫无防备地被攻击！现在，你们还想让她重回团队，让那些曾被她拉去背黑锅的同事再给她一次机会。这太过分了。苏甚至都没向我或团队中的任何人道歉。我难以接受！”

你看，矛盾的重点并不是工作。查理如果只是调整苏的工作任务，那是永远无法解决这个问题的。这场冲突的重点在于苏对乔的伤害。他在毫无防备的情况下，在整个团队面前颜面扫地，苏说他是一个不关心下属的领导，乔则认为这完全是苏在诋毁自己。苏伤害了乔和团队的其他成员，却从未说过一句“抱歉”。**乔在意的从来不是公司有没有调整苏的工作，他在意的是公司能否改变苏的性格。**

根据刚刚和乔的沟通，在充分考虑了查理和乔的诉求之后，我说：“在你看来，这场冲突的关键在于苏的责任感和集体感。她一开始就没有融入集体，之后在会议上也没承担起错误的责任。这样的评价没问题，对吧？你担心的是，如果苏回到岗位，她仍然承担不起责任，导致整个团队都会处于危机中。”我简单地复述了乔目前的感受，并未提及他和查理之间的争吵。

乔是一个非常看重责任感的人。如果员工表示工作进行得并不顺利，他会对员工慷慨耐心，不然，乔会默认没有消息就是好消息。他没时间处理那些没勇气承担挑战的员工，更讨厌那些把自己的错误甩锅到别人头上的人。苏已经违反了乔对责任的核心价值观，更严重的是，她甚至反过来指责乔没有履行自己作为领导的职责，这让乔的自信心大受打击。整个情况非常棘手。

现在问题的一半已经明朗。解决的关键在于苏要表示歉意，承诺未来承担起责任。那么查理呢？为什么一位高级管理人员会出面维护一名给公司带来了数万美元罚款的员工呢？下面是乔需要倾听和学习的部分。

“查理，”我说道，“现在你知道，这对于乔来说有多不公平了吧，你也能理解为什么他很难再让苏留下来。你可以对乔讲一讲在这件事情上你的想法吗？”我想让双方明白，你享受了倾诉的权利，就要履行聆听的义务。

查理说：“我觉得我们应该给苏个机会把这件事做好。公司从内部提升员工这一举措非常重要，如果她没有成功，事情就会变得很难堪。其他人在申请升职的时候会犹豫再三，影响员工的士气。”

他的回答并不能完全说得通。如果员工因为重大失误而被处罚，大家当然可以理解。我还是不知道查理的核心观点是什么，于是继续问他：“如果员工升职之后表现不好，会有什么影响？再跟我们说说。”

查理并没有给出回复。他支支吾吾，最终说出了自己的真实想法：“老实说，我不知道。我觉得整件事可能是我的错。”

原来是愧疚。愧疚感是一种与人的信仰紧密相关的强烈情感。当我观察到有人开始对自己的行为感到愧疚时，就知道方向对了。他现在需要的就是继续说下去的鼓励：“继续说吧……”

“我之前没太在意，”查理把眼神从我身上挪开，直接注视着乔，“有时候你的标准真的很高，我甚至不确定在员工工作量过大时，你有没有给他们表达的机会。你能力很强，你的员工们都不敢让你失望。我认识苏已经 10 年了，我早该知道她会逞强。这件事从一开始就是我的错吧，如果连一次机会都不给她就开除，我觉得对不起苏。”

查理对员工有着很浓厚的感情，作为领导，他觉得自己要对员工负责，所以很担心因为这件事让大家失望。表面上是他想为苏争取一次机会，实际上他想再给自己一次机会。

一场因为工作职责而开始的协商，最后发展成了有关性格、责任和领导力的价值观的深入交流。现在一切明朗，需要解决的是，苏需要更坦诚地沟通，承担起更多责任；而乔要提出更切合实际的目标；查理则需要进行更具有支持性的管理。最棘手的部分已经解决，我们已经有了解决方案的蓝图，接下来就要打磨细节。

两人之间实现沟通之后，对话的走向就有了实质的改变。查理体会到了乔的尴尬、自我怀疑，以及在给出备选方案后对乔的影响。在这之前他太过于关注苏，而忽略了乔的感受。同样地，乔已经看到查理承认了自己的错误，这让他感觉不再那么孤立。他们又重新回到了共同解决问题的战友状态，而不是在某场冲突中的敌对方。

乔和查理的故事告诉我们，想要开诚布公，解决矛盾，你需要处理三个层面的信息：事实、感受和价值观。

事实不能解决斗争

人们经常错误地以为，职场中的冲突都是由歪曲的事实和错误的信息引起的，但其实并非如此。你需要把争论的问题理解为信息的有效性，或信息间的相对重要性。当事情的根源被掩盖在相互矛盾的价值观和动机之中时，从望、闻、问、切各个角度都会被视为冲突，而事实只不过是同事们发挥想象力创造出的用来证实自己观点的变体。

当同事们为了反驳你而拿出一些只支持自己观点的片面事实时，我们当然会生气。但他们想欺骗的并不是你，多年的心理学研究发现，他们其实最想蒙蔽自己，自己才是他们最想证明这一切合理的第一个也是最重要的观众。人类都想让自己的行为合理，所以我们会捏造故事来解释我们做过的事情，以及为什么这样做。我们以行动和语言践行着自己的信仰，之后再通过搜集事实来证实自己的行动和站位的合理性。神经心理学家迈克尔·加扎尼加（Michael S. Gazzaniga）说，这是人们在确保自己故事的完整性。[14] **我们跟着自己的感觉和信仰做事，之后再收集事实去让一切变得连续完整。**

这也正是为什么同事们分享的内容并不能成为争论中的坚

实依据。如果眼前的事实无法说服你，他们会不断地尝试再用其他的事实继续说服。除非你能看清事实，真正明白对方的目的，否则做好准备面对这些大多数都是欺骗性的信息吧，我是说大多数。

洞悉信息实质

事实虽然具有欺骗性，但也很有价值。这是你能够推断价值观和信仰的唯一线索。我们的第一策略应该是尽可能多地从已有的事实中收集信息。

隐藏在信息中的真实意愿有很多，我们需要做的就是大浪淘沙，洞悉这一切。对方分享了哪些信息？他们漏掉了什么？有哪些可以影响观点或判断力的事实是他们忽略的？他们说了什么？是以什么方式说的？所有以上问题的答案都能帮你了解沟通中的对方。

人们选择用来支撑自己观点的论据，也给了我们很多信息。注意观察他们关注问题的角度，比方说：“关于这一措施如何使市场部受益，你刚刚列举了三点。这是不是说明你认为这一项目的主要受益部门是市场部呢？”你还可以更具体一些，选出对方着重强调的事实类型，又如：“你提到了速度增长、改善优先级排序、减少重复工作。在你看来，这个计划主要是围绕着效率展开的，对吗？”

这些事实都是帮我们进入更深层次对话的入口，根据对方所提供的信息进行提问，将遇到的阻力降到最小。这样做能给对方传递出如下信号：接下来的讨论是从你们的角度出发的。想要深入交流的话，还有很多方式可选。你可以询问更多信息：“你刚提到的改善市场项目优先级排序的想法很有趣，再具体介绍一下吧。”还可以根据自己的理解解释一遍对方的观点，确保无误：“你刚刚说为了打入市场，我们需要换种方式进行产品开发，还说到新项目开始之后需要换一种新的项目管理方式。是这样的，对吗？”为了确保双方的理解一致，你可以让对方解释具体的名词：“你刚说到了‘新项目’，那在新的项目管理方式之下，什么样的项目规模最合适呢？”

在关注对方分享的信息之外，别忽视他们没有提到的内容。如果对方只是强调事实的一方面，却对另一方面只字不提，你就能猜测出他们的重点在哪里了。如果对方只强调了一个利益相关方，而将其他的排除在外，这就给了我们另一条线索。如果他们提到的所有利益点都与财务有关，我们大概能猜测出消费者体验或员工参与度并不是对方关心的内容。如果对方通篇只谈无形领域，我们可能就要对他们就财务方面的关注度产生疑问。在就对方已经提及的信息提问之后，也问一下他们没有提及的事实：“你谈到了产品开发和市场，但我很好奇为什么你们没提到销售。在销售上，你们有什么计划吗？”人们对某一方面略而不提的原因有很多——可能是不知道，可能是认为这不重要，或者他们有意避开讨论这些不利于自己的话题。深入了解对方避而不谈的话题能帮助我们找到问题所在。

在我们收集到所有的事实和信息，深入挖掘到同事没有提及的内容之后，你可以将关注点放在第三个，也是最后一个：虚假信息。比如说，你很可能会接收到一个或者多个说法，乍一看很像事实，却是很快就被撕掉伪装的虚假论调。随着讨论逐渐白热化，个人论断与事实的比例也会逐渐走高，记录下同事给出的所有无事实依据的观点。在刚刚的市场部案例中，同事很可能会说到现在的工作“非常艰难”，或者“产品开发部给自己的压力”。你也会听到一些积极的声音，比如“新方法的优势”或者让流程系统化“是个解脱”。很多人都已经非常职业化，避免在工作中带入过多的个人情绪。所以如果仔细听，你会发现在这些观点中暴露的个人情感，还有那些他们故意隐瞒的事实。

跟着情绪走

在事实中收集到所有的信息之后，下一条策略是关注对方的情绪。不要在交流中刻意避免情绪流露，反而情绪波动的地方正是解决问题的突破口。在谈及话题中的敏感部分时，我们需要围绕着所观察到的内容进行评论。可遵循以下方式：

1．对行为进行描述；2．表达你的假设；3．提一个问题。比如：“你说了三次‘非常关键’，我理解你非常着急要推动这件事。为什么时间这么紧迫呢？”

很多公司都认为表达情绪是一种反主流文化的行为，因此同事们只能从彼此的动作中判断情绪，但从不会说出来。即使我们是从身体语言而非口头语言中获取的信息，也并未改变上文的方式，我们还是需要描述所见到的情况，提出问题，帮助理解。“刚刚你在发言的时候声音越来越小，你是不是在以沉默来强迫产品部出来解决问题呢？”音量、语调、眼神接触、身体姿态是处于开放式还是封闭式，是向桌子的方向倾斜还是更靠近椅背——如果想要理解一场冲突的根源，所有这些信号都值得深究。

与缺失的事实和信息一样，缺失的情绪也同样重要。如果同事们在本应激动人心的事情前仍然淡定如常，很可能是因为他们有些未公开的忧虑。这就是值得深究的点："根据我的预想，大家应该对市场部拥有更大的优先级安排权而激动，但是从各位的语调来看似乎并非如此。你们在考虑什么呢？"请记住，只渲染积极气氛的人很可能会对未来的风险轻描淡写。注意观察和整体氛围不合的情绪，这表明提出的解决方案并未解决最重要的问题。

掘金：揭开价值观与信仰

但也要注意避免太过于关注同事的情绪变化。关注对方情绪只是实现我们目标的一种方式。你是他们的同事，而不是心理治疗师。通过观察情绪，我们能实现第三条，也是最有价值的策略——发现同事行为背后的价值观和信仰。在很多案例中，主人公甚至没有意识到自己的价值观已经被侵犯。如果没有你的帮助，他们不会找到问题所在，更不知该如何解决。这正是我们和同事建立紧密联系的时机，同时也是你可以挖掘出症结所在、结束争议、开始解决问题的时机。

揭开价值观与信仰的方式是以应对公开情绪表达的方式为基础的。同样地，我们首先要从所观察到的事物开始，对方的举动

沟通

从定义上看，无法由

个人

独自完成

我们无法

对某人沟通

却可以

与某人沟通

是目前你所掌握的最客观的信息。在此之后，补充一些你对他们情感的猜测，之后指出隐藏在情绪背后的内容。比如："你刚才提到产品开发所面临的挑战的时候，提到了'暂停'。您如何看待市场部在产品开发的过程中的价值所在呢？"通过开放式的问题，给同事留出空间去思考其重视的环节。如果对方给出的回答是"市场部的作用就是剔除那些不切合实际，没有市场的产品创意"或者"市场部就是催着事情赶紧完成，给产品带来的都是副作用"，这时我们的解决方案就要分情况处理了。

认真倾听同事在决定中的加分项和减分项信息。他们认为的优势是什么？关注的风险和劣势又分别是什么？如果想要解决冲突，在正确的方向上有所进展，你需要从等式的两个角度出发去理解对方。你可以通过以下问题来更好地理解天平的加分项："这样做的好处是？"了解他们对劣势的担忧，你可以问："对这种方法，你们的顾虑是什么？"认真倾听，展示出自己对重要讨论的开放心态，逐渐地，你会找到解决问题最为关键的环节。

花时间去了解事实、情绪和他人价值观其实就是真正的沟通。"沟通"（communicate）一词来自拉丁文，原意是"达成共识"。只有当双方的共识足够深入，远超过争议，并且已经开始影响同事的价值观和动机时，沟通才算达成，这并不是靠说说就能实现的。

当双方都对价值观达成共识时，真正的联系才得以达成，这样的互联才值得投入时间和精力。真正与同事沟通时，我们会跳出冲突模式，进入解决问题状态，这也正是冲突法典中的第二步。

价值观的重要性

“拜托，利亚纳！高管们才不会在董事会上谈个人情感！”一位跨国银行市场部副总裁肯定地说道。当时我们正在一场非常尴尬又异常激烈的团队会议中，所讨论的问题已经在过去的几个月中反反复复地出现过，但从未得以解决。争议点在于这家公司对一家大型区域办事处的管理问题。这家办事处曾是收购资产的一部分，并购之后的前三年曾被公司授权自主运营。领导层现在讨论的是何时将办事处收归入公司的系统中。听上去像是一个常规的商业决策，但事实上，因为其他事项的耽搁，这个问题已经拖延了一年之久。

我建议大家放弃用理性争执，转而用个人情感来解决问题。表面上围绕着系统整合及工作流程的对话掩盖了问题的根源：这是一场看重卓越运营的领导者（追求高效简洁的工作流程）和关注强大文化的领导者（想要保护区域办事处的独特文化）之间的冲突。参会者把重点都放在了整合系统的细枝末节部分，却忽略了双方之间真正关键的问题。这一决议产生了巨大阻力，也给团队中不同部门之间带来了被动进攻型行为。甚至有一位团队成员因为其他人不愿考虑自己的意见而大怒，于是把自己锁在卫生间里拒绝参加会议。在我的劝说下，大家同意开诚布公地说出自己的想法，对话才逐渐高效起来。

不管承认与否，他们都认识到眼下的冲突受到了自己固有偏见的影响。把情感因素摊开说清楚，大家才能就情感因素和事实因素平心而论，也能更好地控制情感因素对最终决议的影响。

市场部的领导一直担心，如果在讨论中掺杂情感因素会阻碍讨论的进程，当前的冲突会拖延更久。他一直跟大家强调："这是一个商业决议，不是个人问题。"但他没考虑到的是，正是未能加入情感因素，才导致整个团队一次次地错过解决问题的机会，他们正背负着巨大的冲突债，在得知个人情绪的产生源于不同人在价值观和信仰上的差异之后都松了口气，知道自己的顾虑能够解决了。正面应对情感因素，让他们能更顺利地解决冲突。

在这个案例中，处理好情绪因素还有一个更重要的优势。如果个人情绪已经左右了我们的观点，很容易在团队中产生误解和怀疑。凯文，一位团队成员，就说出了一些让同事们费解的言论。他一直强调公司的流程很低效，强加到区域办事处不会有什么效果。运营部领导听到后心里一惊。终于在几个问题之后，凯文阐明了自己的想法。他认为强大的企业文化的作用要比统一管理的效果好得多。大家这才明白为什么他刚才一直在抱怨公司的管理系统，运营部领导和其他同事也因此对凯文产生了误解。如果凯文能在一开始就点明主题，大家的误解本可以避免。

把个人情感和价值观视为两个数据集合，再加上事实数据，我们就有了所有的决策影响因素，帮助你去理解冲突发生的原因。相反，如果一味地“排除个人情感”只会压抑情感，但最终它还是会阻碍决策进程，带来团队内部的怀疑和失衡。专注事实听上去像是一个正确的思路，但并不能让冲突尽快得以解决。

建立联系

认可对方

想要建立起能够将无效冲突转化为高效问题解决机制的有力人际关系，第四条也是最后一条策略是：认可对方。通常情况下，当我们发现他人与自己的价值观相左，默认反应是对方做什么都是错的。如果对方表示焦虑，你会说：“别在意，没什么事。”如果对方说这个问题的关键是责任机制，你会说：“不，这是实用主义。”等等。

除了质疑、反驳或压制同事的观点，还有很多方法会摧毁掉你辛辛苦苦培养起来的联结。一种是完全不提同事之前所讲，直接插入自己的观点。另一种就是大声表达自己，让争议的两极化更明显——更多分裂、更少团结。想要让冲突更激烈？你还可以质疑同事的做事动机，怀疑他们的论据、能力或准备工作的充分程度。否定一个人最为微妙的方式大概是：将眼神和肢体动作从与你争论的人身上移开，转向其他参会者。你可以采用多种方式表达自己并不想听，也并不在意。

但这就太浪费了！我们之前已经付出了那么多努力，认真聆听，找到同事言行背后的价值观和驱动力，但在这之后却摆出“你说什么我毫不在意”的姿态，一切都将前功尽弃，只会让对方更加愤怒。与其向对方明示或暗示自己的异议，不如找一个合适的方式表达：虽然我不同意你的观点，但我一直在倾听，并且理解你的想法。

我在第 2 章中提到了美国联邦调查局人质谈判师、冲突专家克里斯 · 沃斯和他对妥协的比喻：一只脚穿着棕色鞋子，一只脚穿黑色鞋子出门。作为实战者，沃斯清楚认可的重要性。在《掌控谈话》中，他把这一方法称为“模仿对方”（mirroring）。在运用时，你可以使用自己的演讲模式、肢体语言和惯用词汇来表示你一直在与他们的思路保持一致。运用在人质的场景中，就是重复挟持者说过的话中的最后三个词（或者最重要的三个词）。这是建立联系的一条捷径。别担心，人们都喜欢别人重复自己的话，不会有被操纵感。

先祈祷一下，你在公司中遇到的冲突不会都像人质劫持现场这么刺激吧。在稍平和一些的场景中，认可对方的方式还有很多。你只需要选择一个最适合自己，能自然而然、充满真诚地运用在现实中的即可。如果认可行为太过虚假做作，只会给目前的对立氛围火上浇油。你可以谈一谈讨论的重要性——“我认为这是一个需要我们双方共同解决的重要问题”；还可以表达感谢——“感谢你提出这个问题，我一直对团队前进的方向略有迟疑”；或者用自己的方式复述对方的话：“你刚谈到这是有关责任感的问题。”选择一个最真诚的方式表示自己的诚意，并非控制对方。

认可他人是最快、最有效地避免冲突的方式，人们可以放下防御，集中精力关注问题，加速实现双方和解的解决方案。实际应用并不像听起来这么难，认可他人并不等于同意他的观点，只是向对方释放信号：我希望双方作为战友共同解决问题，而不是像敌人那样互相作对。

更紧密的联系

以上我们已经介绍了四种培养更紧密联系的策略：洞悉信息的本质、观察情绪、发现行为背后的价值观，以及认可所见。除了主要的策略之外，还有一些小贴士能帮你建立紧密联系，并将冲突转变为一场能解决问题的讨论。

减少自己和他人之间的干扰（包含肢体及象征意义上）。离开你的办公桌，和同事坐在同一边，双手不要抱在胸前。这样的姿态能传递出你希望作为战友共同解决问题的信号。

小提醒：有时候我们传达的信息较为强势，这时，与冲突方之间保持一定的距离能让对方感觉更安全。你可以站或者坐在他旁边，双方以并肩平行的方式进行交流（如果你觉得面对面直视对方交流显得太过强势，可以选择这一技巧）。

如有由于条件限制而使双方处于不同地点，我们想要建立联系时就会备受阻碍。我曾见过由于远程沟通而导致小冲突逐渐升级、恶化。幸运的是，现在有很多工具可以帮助提高远程沟通的质量。试一下当下流行的视频电话吧，至少能让我们从有限的身体语言当中捕捉到冲突根源的线索。

除了物理意义的距离之外，双方的智力之间也有差距。如果在争论中总是试图用计谋打败对方，或者不断地讲车轱辘话，这些言行很容易激怒对方。虽然有可能暂时地压制住争议，但并不能彻底解决。**少说深奥的专业词汇。**把高级专业词语替换成通俗易懂的词语，选择能够清晰表达自我、不晦涩难懂的语言。

想要创造距离？还有一种方法：关上灯，靠你五彩斑斓的幻灯片取胜。相信我，转移他人的视线，照稿朗读 PPT 并不能拉近彼此距离，也不会减少他们对你的抗拒。**双向沟通是关键，你需要与人沟通，而非向人倾诉。**

摆脱了以上的沟通坏习惯之后，你可以开始培养一些好习惯了。**在非官方的空间中沟通可以缓解冲突的紧张度。**公司中的会议室和办公室给人以严肃感和距离感。如果想要改善与同事的沟通，试试换一个环境，比如咖啡厅、大厅的长凳，或者在日常散步中聊聊棘手的话题。

最后，适当示弱，承担责任。**使用第一人称的主动语气。**被动语气再加上含糊表述会让人觉得你是一个忸怩作态的笨蛋，错误示范有：“我们之所以拒掉这个报告，是因为它太简单了。”你可以用第一人称这样说：“我认为你的报告太短，所以否定了。”第一人称代表着所有权，告诉对方为了确保诚实公开和真诚，你宁愿牺牲这段对话的舒适感。

不用担心，就算不擅长以上技巧，仍然可以培养起更紧密的联系。如果是真的希望了解对方的重点，就算是结结巴巴地问一些尴尬的问题也无妨。在理解困难时坦诚提出："抱歉，我很想了解你的初衷，但是找不到合适的切入点。"后续即使你进入了防御状态，主动承认错误只会让双方联系更紧密："抱歉我一直打断你强调自己的需求，不好意思。我们还是继续说你刚谈到的这点吧。"正确的动机要比完美的语言更重要。

解决正确的问题，才能避免公司内的冲突不会一直拖延，变得越来越棘手，继而演变为同事间的私人矛盾。麻烦的是，有时候对方并不会承认问题的关键，或许是因为没什么逻辑，或许本身就不占理，只是个人的想法或需求。大家都以为没有人会以个人感受或主观价值观为依据的。真正的问题被忽略越久，同事们就越感到沮丧，讨论就会越激烈，双方也会越固执己见。如果你能够培养起强有力的联系，了解双方的立场，敌人瞬间能够变朋友，敌对的战争也会化解为双方携手解决问题的合作。

本章小结

与他人建立联系能帮助我们化敌为友，共同解决问题。

在激烈的讨论中，已呈现出来的事实和信息可以帮助我们很好地了解对方的关注点。关注对方所说（未说）的话，了解他的利益所在。

从他人的口头语言和肢体语言中感知情绪。隐藏情绪很可能意味着还有很多重要的问题尚未被提起。

通过提问和观察来找到支撑对方立场的价值观与信仰，这是帮助我们揭开冲突僵局的关键。

不管你是否同意，认可对方所说。这是表示你倾听并且理解对方的方式。

利用一切去加深与周围人的联系，包括地理位置、口头语言和语调及肢体语言等。

第 6 章

提出解决方案

我正在协助一家知名表演艺术公司的领导层处理团队效率流程的问题，其间听到很多人在谈到出问题的环节时都用“预算”作为例子。我决定深入了解，希望以此为契机帮助他们更有效率地解决冲突。

而当预算终于被提及时，我才发现问题并不简单。筹集资金中出现了 200 万美元的缺口，意味着他们不得不缩减开支，之前规划的宏伟项目也无法落地。团队激烈地讨论着下一步如何去做，气氛变得紧张起来。

资金筹备组组长玛丽·贝斯这时候插了一句：“我觉得我们应该向董事会报告这 200 万美元赤字的情况。”她整个人靠在椅子后背上，对自己提出的这个方案很满意。

财务部负责人霍华德提出反对意见：“你在开玩笑吗？平衡预算是我们的受托职责，预算不平衡，我是要丢饭碗的！”话里话外带着上级对下级的傲慢态度。

我看到玛丽·贝斯一下子泄了气。她下定决心改变团队的现状，但看到霍华德坚守资金预算的样子又非常失落，显然霍华德是不会让步了，双方都在坚持，冲突一触即发。

不要解决方案

玛丽·贝斯在所有人还未就问题达成一致时直接给出了解决方案，由此引发了冲突。实际上，我们也一直被教育着做事要直接跳到解决问题这一步。“带着解决方案来”是我的第一任上司教会我的。他是一个打扮入时、银发苍苍的咨询师，推崇自力更生，憎恨戏剧化的情节。他让我独立思考，随时准备好可以与他人分享的解决方案。依靠这个建议，我妥善地处理了和每一位领导的关系。永远准备好答案的人，会给别人留下积极主动、有远见、值得信赖的印象。

但是，如果本不是你的问题，还硬要用“带着解决方案来”这一方法，麻烦就来了。给别人的问题出主意会带来很多误解。

同事也许会认为你在多管闲事，在怀疑他们解决问题的能力，或者想要在老板面前争功，出风头。转眼间这个积极主动、承担责任、能让自己成为老板眼里的英雄的建议，却让你成了同事眼中讨人厌的百事通。更糟糕的是，如果解决方案没能奏效，在别人眼里你又是一个没有头绪却盲目承担责任的冒失鬼。玛丽 · 贝斯面临的就是这样的处境。

在了解情况之后，我让霍华德和玛丽 · 贝斯都先暂停一下，重新思考。我请霍华德在攻击玛丽的观点前不如先认真思考一下。霍华德同意试一试："玛丽 · 贝斯，为什么你认为要向董事会报告赤字情况呢？"

她迅速给出了答案："因为现在董事会对于筹集资金并不上心，如果知道了我们已经准备放弃的话，董事会或许会多拨一些资金，或者帮我们拉一些资源。"玛丽 · 贝斯思路清晰，观点颇具说服力。

艺术总监卡特里娜马上回应说："我完全同意！我觉得董事会只是听到了我们汇报的内容，却没有帮助大家去实现更高的目标。我也认为董事会的紧迫感不够！"

卡特里娜的观点在团队中很有影响力。如果她同意玛丽 · 贝斯的观点，认为董事会安于现状，这对于玛丽 · 贝斯是很大的支持。

六种冲突化解术

接下来怎么做？玛丽·贝斯和卡特里娜都希望能向董事会更多地透露实际财务状况，而霍华德则希望展示出自己作为财务主管有能力实现对公司做出的承诺。团队现在需要一个冷静解决当前局势的方法，直击问题的关键，揭开冲突的重点，但不影响团队的和谐。

接下来，我将介绍六种解决冲突的技巧，这是解决冲突的第三部分，我称之为“善良人的冲突化解术”。每个技巧的目的都是以最少的对抗应对棘手局面，提出可执行的方案。你可以在不同的场景、不同的目的下使用，所有的技巧都运用了我在第 5 章中介绍的聆听和认可他人的方法。在阅读以下的冲突化解术之前，先确保自己已经熟练掌握了基本技能。

1. 两个事实

刚刚的预算案例是运用“两个事实”这一技巧的完美场景。在运用这一技巧时，请遵循以下步骤。

首先，通过重复他人的观点表示自己的认可。在条件允许的情况下，可以通过提问开放式问题帮助自己理解对方深层的立场。在我们重复过对方观点，确保理解无误之后，在双方都可以看到的地方写下："一号事实：我们需要提升董事会的紧迫感。"现在你可以补充自己的观点："我认为这主要是体现我们对公司的责任感。"必要时着重讲一下为什么你认为这一点很重要，花一些时间向对方阐述自己的感受和价值观："我非常看重这份财务主管的工作，也很热爱我们的公司，不希望看到这家公司也像其他公司一样陷入财务危机。"接下来，将自己的观点事实写在一号事实的旁边："二号事实：我们需要上报平衡预算。"接下来参会的所有人都可以清晰地看到会议桌上的两个事实。你的任务就是在假定两者均可实现的前提下解决问题。这时候我们要做的已经不像是化解冲突，而更像在解代数题。

"两个事实"这一技巧非常适合在你不同意其他同事提出的观点或论断时使用。你的反对意见可能相对平和，比方说你认为对方的关注点有所偏差。但在有些情况下就比较严峻，比方说霍华德认为玛丽·贝斯的建议非常鲁莽。

先将反对意见的严峻程度放在一边。当不同意别人给出的方案时，我们通常会有这样的反应：反驳对方或者试图用自己的观点压制对方。这让我想起了 20 世纪 80 年代美乐啤酒的广告中，双方一直在为美乐啤酒是"味道好极了"还是"味道一般般"而争吵。事实上，在面对质疑声音的时候，同事们的自然反应大概是以更强硬的态度质疑回去。这样做只能让双方更坚定自己原本的观点，丝毫未能推动问题解决的进程。

与其深陷这种双方来来往往的拔河比赛，不如用“两个事实”让人们站到同一阵营去解决两个不同但又紧密相关的问题。这一方式的基本原理是双方不必陷入“我正确，所以你肯定错误”的模式中，双方都可能是正确的。

在这个案例中，当大家看到两个事实之后，解决方案几乎在五秒钟之内就敲定了：他们用一页纸列举了预算中的所有排列项，包括因为资金不足而必须放弃的项目，并用一条线区别开了已筹集到资金的项目和未筹集到资金的项目，清晰明确地告知董事会他们所期待的项目尚未筹集到资金。预算对上账了，但董事会的宏大目标和已筹金额之间的差距也清晰可见。一场“你根本不知道身为管理者是什么概念”和“你根本不关心公司发展”之间的激烈斗争最终以一种双方都满意的方式圆满解决。

2. 根本原因

“两个事实”应该是在问题面前我们和别人持不同意见时应有的默认反应。但有时候，出现争议的并不是对问题的看法，而是双方提出的解决方案。这时你可以采用“根本原因”这一策略。“根本原因”的适用场景是，双方就问题本身已达成一致，但在解决方案上出现了争议。

我在前文提到过，当你提出的计划超出了自身职权范围时，可能会引发冲突。试想一下，如果有同事这样做，你会感觉受到了冒犯，认为对方是在怀疑我们解决问题的能力。由此而生的防御心态会蒙蔽我们的双眼，忽略了双方已经就问题本身已达成共识的事实，而是转而直接进入围绕着解决方案的争论中，这样是无法实现良性沟通的。与其被一个站不住脚的方案分散精力，我们不如专注于问题本身。即使我们并不认同对方当前提出的方案，但承认问题的存在仍能让双方统一战线，开诚布公地谈论可行方案。

我曾与这样的团队合作，他们正在纠结于人员流动率过高的问题，不知下一步如何去做。这时其中一位团队成员——杰西，提出可以给排名前 25% 的员工发放留任奖金。简单来说，这个提议的反响不太好。人力顾问罗斯听到后吓了一跳，她深知这一举措的成本是远远超出之前的预算的。有这样反应的不止罗斯一个人，大家纷纷以各种各样的理由来反驳杰西提出的留任奖金的方案：“如果前 25% 的员工拿到奖金后拍拍屁股走人怎么办？其他人会不会模仿照做，所以最后我们必须得付钱让员工留下？”

在所有的反对意见中，我并没听到有人反驳杰西提到的员工流失率不正常的观点，所以我提出这正是使用“根本原因”策略的好机会。

我给出了示范。“杰西，你认为目前员工流失率过高，所以提出了留任奖金的想法？”她点点头。很好，下一步。“为什么会提出这个方案呢？”杰西想了一秒钟，然后说：“在前三个月离职的员工中，有四个人在离职谈话里提到了工资。”杰西听到了工资这一因素，并将其锁定为问题的根源。我鼓励她再想想其他可能的原因。“有人提到工资是他们离职的原因，那么其他人的理由是什么？”杰西请主持了离职谈话的人力部门代表罗斯来回答。罗斯的解释让大家离真正的答案又近了一步：“根据我的经验，人们更倾向于以工资作为借口。但是从我和他们的谈话中得知，我认为更大的问题在于员工认为自己没得到公司的重视。”

在公司人员流失率过高，需要调整这一问题上，罗斯与杰西完全一致，但她知道金钱不是唯一的原因。“留任奖金可能是一种解决方式，”罗斯说，“但我也在想，公司是否应该采取措施让员工感受到被重视。”在所有人达成共识后，罗斯提出了建议：“不如我们给公司前 5% 的员工发放留任奖金，再为所有员工提供个人发展规划？在这之后我们再根据个人绩效，在下一年度开始之前调整薪资待遇。”

“根本原因”将重点关注在同事们提出的好想法，并非他们拿出的坏方案。以此为出发点，我们解决问题的思路会更开阔，也能全面考虑所有的障碍。当你和同事对问题的评估保持一致，但在解决方案上出现分歧时，“根本原因”能帮你找到出路。

3. 质疑影响

以上两种技巧适用于与同事的观点一致，至少部分价值观没有分歧时。但遇到以下情况，即无论如何都无法认同同事的看法时，“两个事实”及“根本原因”将不再适用，这时可以考虑使用“影响”策略。

“影响”策略适用于有人提出了有可能给你的团队、客户或整体业务带来伤害的坏主意，它同样适用于当我们无法对方案的好坏属性进行评估的情景中。当我还在某家人力资源咨询公司工作时，曾有次不得不使用“影响”策略来应对。公司是分区域管理，不同的业务部门由实践组长负责（比方说养老金、福利或赔偿，等等），这也就意味着各个部门对自己的业务都有高度自治权。我当时是公司员工调研组的实践组长，但这一岗位等于我没有任何实权，必须通过影响力来进行工作。在一次全国会议上，东区负责人艾瑞卡宣布，她将实行一种全新的员工调研方式，调研时间更短，报告格式也有所变化。艾瑞卡一直在强调这个新方法多么优越，多么适合她所在的区域。

作为一个负责全国员工调研的总部负责人，我对艾瑞卡的提议做出的第一反应是否定。我马上想到了一系列后果："不能这么做！肯定会引发混乱，公司统一标准是有原因的！"心里也想好了拒绝她的四点理由。我希望能在其他区域的负责人效仿她之前提出自己的想法。如果直言相对，我就是在指责艾瑞卡悄悄地想在自己的区域另辟蹊径。但根据以往的经验，与她的观点或她本人作对只能让她加强反击，从而更加锲而不舍地追求自己的目标。这时候正是使用"影响力"策略的绝佳时机。

"影响力"策略是让对方注意到自己计划中存在的自己还未注意到的缺点。我们可以提一些有质量的问题，帮助对方认识到计划中固有的瑕疵，从而避免直接提出反对意见。换个角度来说，对方也会更倾向于自己发现问题，而不愿直接被别人指出。

在使用影响力技巧时，首先，通过一个开放性的问题去了解对方的目的；其次，重复对方所说，让他们知道你在认真聆听；再次，再通过一个问题，让对方意识到自己在筹划方案时没想到过的问题；最后，探索下其他能够解决问题的方案。

以下是我如何在艾瑞卡的案例中运用这一技巧的。"你考虑在东部地区实行一种全新的员工调研方式，"我说道，"为什么会有这样的想法呢？”艾瑞卡回答得很好：“有一些促成因素吧。首先，我们区域的竞争者较多，我们必须实行较低的价格；其次，客户也常跟我们反馈说报告太长了，他们希望能有更方便理解的格式。”艾瑞卡介绍了其他竞争公司所销售的版本，为这次改变提供了非常有说服力的例子。

但她提到的一切都没有打消我的顾虑——她的改变将会打乱全国的一致性。我尽可能平静地提出这个问题：“我理解改动格式之后会更适合你们区域的情况。那对于其他区域的客户来说，这个变化会给他们带来怎样的影响呢？”艾瑞卡马上意识到了这个问题，并没有进一步为自己辩解。艾瑞卡深知全国客户非常重要，我们需要找到的是既适合她的区域，又能在全国推行的方案。

通过这种方式，我聆听并且认同了艾瑞卡的顾虑，现有的系统对她的区域来说过于烦琐。这能确保讨论在朝着有建设性的方向发展，也让她跳出原有思维，意识到自己的方案所带来的影响，而我也不用去扮演一个来自总部的坏人角色。最后，我们确定了一系列的核心标准，发送给全国各办事处，各地可以此为标准，根据实际情况自主制订详细方案。在我任职期间，这套修改后的方案一直在顺利实行。

4. 假设

当提出的建议被同事冷漠地回绝时，另一种常见的冲突场景出现了。如果对方把回绝的理由推给其他人或其他不受自己控制的因素时，你可以完美地使用这项“假设”技巧。我的意思是从表面上同意他的观点，比方说：“技术团队在 1997 年就试过这个思路了，但是没成功。”或者“销售部门绝对不会同意的！”对方虽然不同意你的观点，但也不会把这件事怪罪到你身上，他们埋怨的是其他人。

试想一下，在面对这种情况时，你最常见的反应是什么。你或许会就对方的依据进行质疑：“我认为技术团队在 1997 年之后又做过了调整，不如看看现在的效果如何？你说咋样呀？”又或许你会对他们用其他部门来顶锅的行为感到愤怒：“开玩笑吗？你竟然拉销售部门来说事？如果你不喜欢这个观点，勇敢点，直说好了。”又或许你不喜欢冲突，干脆直接举手投降放弃。但以上这些都不是好答案。

“假设”技巧的依据在于，通过发掘提议中的优点，会让人不由自主地想要克服其缺陷。而这一技巧的关键，在于要让团队的整体目标足够有吸引力，让同事们心甘情愿地克服这个过程中的困难和障碍。

运用“假设”技巧，第一步是要认可异议。（你能找到这个共同的话题，对吧？）当自己的想法被别人否定时，虽然很难做到认同对方，但是值得一试。认同反对者的意见，先放在一边，之后再来讨论。可以让他们想象一下，如果你顺利地克服了这个障碍之后会怎么样。而当对方开始意识到这个想法的优势时，再回来解决他刚提出的异议。

某家药企的一次收购经历是很好地运用假设技巧的案例。企业发展团队发现了一个潜在的收购机会，能够为企业的产品种类加入一款全新的治疗糖尿病的药物。药物的各项评估数值都非常乐观，说不定正是重振公司当前疲软的销售市场的好机会。但公司发展部部长马克注意到产品部部长戴夫积极性不高，戴夫表示：“扩增一个新的治疗领域并不会让销量有起色。”

戴夫不支持收购计划，却拿销售部门当作挡箭牌，他声称销售部门是肯定不会同意再增加一个新的治疗领域的。马克说：“好的，销售部门不同意，明白了，也许你是对的。”他停下来叹了口气，之后继续说，“那你能否抽出几分钟了解一下我的思路呢？如果我能让销量上去，那么引进糖尿病治疗药的意义是什么？”这个问题对于戴夫来说并不难。糖尿病是一个规模不断扩大的治疗领域，而且公司已经通过现有的产品种类和不少核心的糖尿病医生及研究学者建立起了联系。一想到这些优势，戴夫激动起来，这时候正是马克寻求戴夫帮助的好时机：“卡罗尔的建议可能更有说服力。你觉得我们应该如何与她的销售团队沟通，让她看到这次机遇的价值所在呢？”不到 30 分钟，马克已经成功说服了戴夫接受这项收购的提议，并且让戴夫协助去与销售部门沟通。

我希望用这个药企公司的例子向大家展示如何利用假设来克服公司内的阻碍，但我最喜欢的应用案例启示来自我女儿基拉，她一直在努力说服我和丈夫养一只新的宠物狗。我们之前的狗狗伍伯是一只体重 135 磅的纽芬兰犬，三年前去世了。这些小屁孩，从没有遛过狗，从没有给狗梳过毛，也从没有喂过狗，却下定决心要养一只新的狗。我也希望有一只狗，但我们的生活方式不允许。女儿们都是非常厉害的舞蹈选手，常常需要跑去各地比赛。另外，每年夏天我们都会出国旅游，这样的生活实在是不适合养狗。

有一天，我正载着基拉去上舞蹈课，她突然跟我说：“我知道我们不能养狗，因为大家会常常出门。”没错，我心想，很好，她终于想明白了。“但如果你真的可以养一只狗的话，你会养什么样的呢？”我开始在脑海中想象这只狗的样子了。“我肯定还会再养一只纽芬兰犬，但这次会养一只母狗，全黑色的。我会给它取名叫维吉特，并且这回我肯定不会让它再上沙发了。”等我几乎要把车开到保护动物协会的时候才意识到她葫芦里卖的是什么药。我女儿正在对我使用“假设”技巧，效果很好！我不得不承认。干得好，基拉，干得好！

5. 通用标准

当一堆人纷纷对某个争议话题发表意见时，正是下面这个技巧发挥作用的最佳时机，它能让所有人都有机会表达出自己的想法，之后再对可能的解决方案进行集体探讨。如果你预见到讨论即将激烈起来，各方都希望能解决自己所关注的重点，“通用标准”将会发挥出巨大作用。接下来，我来介绍我是如何将该方法使用在某高管团队的。

团队面临着非常棘手的局面：收入下降，成本提高。我们所在的部门局势尤为紧张，规划的项目中还有 5000 万美元的短缺。部门总经理一想到这个季度的财务状况又不如其他部门就头痛不已，他准备不惜一切代价地缩减开支，将成本与收入持平。与此同时，公司 CEO 也正一筹莫展，虽然不愿看到现在的状况，但更不愿因此裁员，损害公司的文化，磨灭员工的士气。总经理不满 CEO 连管理自己部门的自主权都不下放，而 CEO 也不满总经理只考虑自己的部门，不顾大局。

双方准备通过斗争决出个对错，我不能坐视不管，于是建议双方坐下来，聊一聊各自这么做的动机和顾虑——只限于此，不需要聊解决方案。总经理坦诚地说自己部门的业绩低于平均水平让他感觉很丢人。CEO 担心公司员工会士气大减。另外一位领导补充说，大家都没谈到减员会给顾客传递怎样的信号。

虽然还没聊到解决方案，但大家都很满意目前的讨论方式，认为一定会有好的结果。所有人对“通用标准”的想法都被列在白板上了，其中包括对营收的影响，对利润的影响，对主要人员、企业文化、客户和市场份额的影响，等等。当人们看到自己的想法在最终的决策阶段被考虑在内时，激动的拳头放松了，紧张的肩膀也松弛下来，彼此间也更有信心了。

把所有的标准列出来之后，大家开始讨论解决方案。虽然一开始人们就自动分为了两派：支持裁员和反对裁员。但其中也夹杂了一些其他观点。比方说，有一个方案建议将盈利率较低部门的员工调任到需要更多人手的部门，虽然没办法降低公司整体的成本，但可以改善目前财务紧张部门的局面，将资源重新分配到利用率更好的部门。我们最终归纳整理出了四个不同的方案。

等所有的解决方案和评判标准都列举在了白板上之后，大家井然有序地对每个可能的选项进行评估，考虑了其对各项因素的影响程度。整个对话的走向实现了大转弯。讨论数字时，大家决定不能忽略财务状况，必须削减成本。最终主张削减成本的人现在又主动提出，如何能够在降低成本时降低其对员工士气所带来的影响，特别是对于能力较强的员工。在使用“通用标准”原则时，通常会将一个决定分成两个部分去考虑：我们最应该做什么，以及我们如何能够在实行这一方案时同时考虑到其他的因素。

在使用“通用标准”原则时，我们会列举出所有影响最终决策的领域，同时考虑到各方在该领域中最为关注的内容。当所有人的顾虑都能得到认可，大家就会放下紧张情绪，也更乐意于去倾听其他的因素，我们成功地将一场斗争转变成了解决问题的练习。

6. 承认不理解

在以上案例中，我们多少能感知到导致冲突的原因。但有时候，对方给出的信息不足以让你做出判断。这时候你需要采用“承认不理解”这一方式。

当你的思路跟不上同事的时候，可以使用“承认不理解”这一技巧。我们不知道对方为什么说这件事，或者不知道为什么会有这样的想法。这一技巧特别适合与比自己高一层级的人思想不同步的时候使用。

如果对方天马行空，抛出了完全不合逻辑的言论，大家很自然地会误解，感到沮丧，甚至最终感到厌倦。如果讲话者是同事或者下级，我们大概会直接忽略，继续讨论。这样做的后果是对方私下的抵触情绪酝酿，很容易产生被动攻击心理，带来更多的冲突债。与其忽略掉无逻辑的言论，不如主动承认自己没有理解，而不是直接认为对方说的内容错误或者无用。

你的团队正在参加一场月度管理会议。当你正在谈到第三季度的销售落差时米奇插了一句，建议你将刚刚提到的两个新产品销售促销计划取消。你完全疑惑了，减少推广和促销品能帮助我们卖得更多吗？你让米奇先停下来，再重复一遍刚说的话："我刚谈到的是销售落差，你给出的建议是让我减少促销品。"米奇很淡定，显然他觉得这个没问题。"对的，"他说，"我觉得我们现在塞给员工的促销品太多，他们在向客户推销介绍的时候都迷惑了，不知道该从哪个说起。"

你还是不太明白。销售人员并不需要介绍所有的促销产品，他们可以从中做出选择的。你需要他再解释一下："我们提供了大量的促销品供销售员选择，为什么这就不能帮助缩小销售落差呢？"米奇很有耐心："有时候促销员会选择那些他们更好卖但是利润低的产品去介绍。而我更倾向于将促销品集中，让他们更努力地去推销利润率最高的这两款。”现在你知道了为什么，接下来你可以使用另一种冲突策略来解决当前的问题。

“两个事实”策略——“你所关注的是让销售员更专注，我所关注的是为店铺吸引更多流量。我们如何能同时实现这两个目标呢？”或者“影响力”策略——“如果我们停止推广一些不太知名的产品，那会给他们后续的增长带来怎样的影响？”或者你也可以使用“根本原因”策略：“你认为这是专注于某几款产品的问题，我理解。我们如何能做到专注的同时，也不影响我推出的这几款新产品的增长呢？”当大家把事情说清楚之后，你可以根据自己的情况利用以上技巧。

“承认不理解”这一技巧之所以奏效，是因为它不会让对方感觉到智力受到怀疑或权威受到挑战。它能让我们处于较低的地位，并且理解不到位的根源归结于自己而非他人的沟通失误。这样做可以为我们自己留足空间弄清楚需要解决的问题是什么，能够在后续找到解决问题的办法。

现在你已经有了六种不同的技巧去应对盘旋式的低效冲突，并努力寻求解决方式。掌握这些技巧需要努力和练习，但等你可以熟练运用时，你会意识到自己身处低效冲突的情况会越来越少，到时你已经掌握了冲突法则。在下一部分中，我将与各位分享两个能够在最开始有效避免此类冲突的小工具。

本章小结

当你已经建立起沟通渠道，并与他人培养紧密关系时，你已在努力寻求解决方式的过程中处于有利地位。

利用“两个事实”策略，在列举自己的优先考虑事项时，认可对方的优先项。列举过两个事实之后，努力找到可以同时解决这两者的方案。

如果想要在已达成共识的问题上采用另一种解决方案，可使用“根本原因”策略。

与其反驳或批评一个不够完善的方案，不如使用“影响力”策略帮助对方意识到方案的缺陷，再引导对方提出更可行的方案。

使用“假设”策略克服障碍，在解决问题之前先让对方想象一下当前方案的优点和好处。

如果有多名利益相互冲突的参会方，使用“通用标准”策略让所有人共同合作，找到一个可行的解决方案。

如果以上所有的策略都失败了，采用“承认不理解”策略，通过提问的方式澄清事实，找到能够解决问题的方案。

[第三部分]

制造冲突

创建冲突机制

在第二部分中，我分享了冲突法则，让大家在一心争吵之前，先将关注点放在正确的方向上。利用冲突法则，能够将很多潜在的冲突从敌对的争论转化为冷静、和平处理问题的阶段。

建立沟通渠道、培养紧密联系以及为解决问题出谋划策，这些冲突法则绝对是有效的。只不过，如果公司中的每一场冲突你都这样走一遍流程，肯定会筋疲力尽。因此在这一部分，我们将探讨如何能够将冲突系统化，使之成为团队运营流程中的一部分。首先，我会谈到如何通过给所有成员设定预期而避免冲突。其次，通过设定流程，使紧张情绪正常化，避免冲突因未得到处理而转化为恶性冲突。最后，我会介绍如何培养制造良性冲突的习惯，提高销量，减少不良冲突的影响，直到被忽略。

提示：第 7 章和第 8 章的内容主要涉及团队流程。如果你是团队领导人，可以现在就开始研究；如果不是的话，你可以把这些流程分享给你的领导，鼓励他们试一试这些工具。当然，不管是不是领导者，你都可以从第 9 章里找到可借鉴的实用建议。

第 7 章

澄清预期

在与加拿大政府某部门的一次会谈中，部门领导团队坐在我的对面，包括五位主任和他们的主管领导。所有人都非常沮丧，会议已经拖延了很久，但这也是所有人第一次有机会坐在一起共度一天。没多久，其中一位主任，玛丽亚，告诉了我事情的原委。

“这是一份压力非常大的工作。我们的资料，也就是医保，是整个政府最重要的文件，媒体严密地监控着我们的一言一行。我们的分析师团队是新员工，也没什么经验，作为他们的领导，我必须一再容忍他们的错误，几乎筋疲力尽。”

“说得详细点！”我鼓励道。

“我用上周的事来举个例子吧。下午 6 点，我收到了一份错误百出的简报，内阁大臣第二天早上 7 点就要用。我不得不熬夜修改。这样的事每周都会发生很多次，我快崩溃了！”

在玛丽亚的经历中，手下员工工作质量差，领导者不得不因此额外加班。我知道这样的故事肯定不像表面上这么简单，人们不会无缘无故地把工作搞砸，背后肯定有隐情。所以我继续问道：“上周是谁把内阁大臣的初稿递交给你的？”

“政策分析师，他的任务就是出简报。”她回答说。

“那这位政策分析师直接向你汇报吗？”

“不是，他们汇报给部门的管理者，之后管理者再向我们汇报。”

我有点意外。处于这么重要位置的分析师竟然直接将报告递

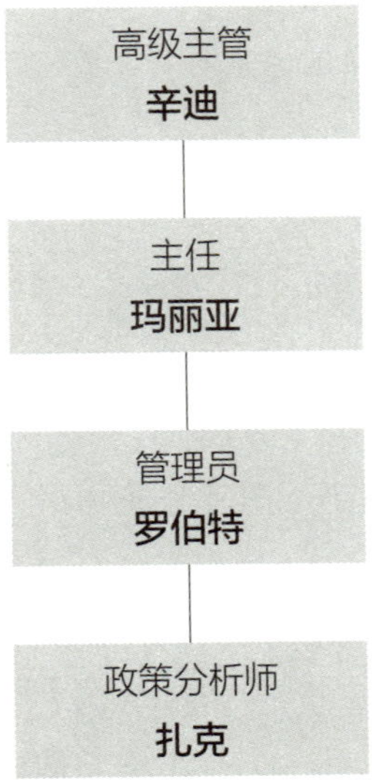

交给主任，而不需要先交由自己的直属领导进行质量审阅。这是第一个问题。

我继续问道："你收到的初稿，问题主要出在哪里呢？"

"各种问题。比如，分析中没有包含之前发生的相关案例，没有提及政府的政策，就连最基本的语法和格式也问题百出。光是修改这一份简报，就花了我几个小时的时间，一直修改到半夜。"

"别着急，具体说说简报的内容吧。"

玛丽亚开始回顾上周的活动。简而言之，周二，高级主管辛迪收到了来自内阁大臣办公室的信息，提到内阁大臣将在下周三进行演讲。辛迪将邮件转发给了玛丽亚，玛丽亚又转发给了罗伯特，也就是政策分析小组的管理员，罗伯特又发给了扎克，扎克则去写这份简报。扎克收到邮件的时间是在周五的下午6点，等周二初稿完成的时候，罗伯特已经离开了办公室，所以扎克直接将初稿发给了玛丽亚。这时，玛丽亚不得不自己把简报重写，好让内阁大臣明天可以顺利演讲。

玛丽亚一边说，我一边想象可怜的扎克在收到这封经过多次转发的邮件之后，看着一条条的"请处理此事"的样子。邮件顶端，我猜测罗伯特会这么写："见下"。然后是玛丽亚的信息："罗伯特，可以让你的手下处理此事吗？"辛迪大概在邮件中什么都没说，除了电子签名："此致，辛迪"。在最最下面的原始文件中，大概是内阁大臣办公室发出的几段关于活动的信息。以上这些就是扎克所获取的所有信息。

整个局面非常紧张，冲突一触即发。你能看出正在酝酿中的冲突具体有哪些吗？第一，领导没有提供具体情境，没有明确告知任务要求。第二，扎克在接到任务之后，没有主动向上级确认其对简报的要求。第三，在简报上交给玛丽亚之前，扎克的上司罗伯特没有尽到检查的职责。第四，在未征求罗伯特和扎克意见的情况下，玛丽亚直接修改了文件，导致类似的情况很可能会再次发生。整个流程极度低效，各方之间都充满了敌意。

玛丽亚对扎克很失望，因为他递交上来的文件质量低下，同时因为罗伯特未能审查文件而对他颇有微词。罗伯特因为扎克的工作质量差而对他非常失望，扎克因为罗伯特在事前没有明确要求而生气；罗伯特因为玛丽亚和辛迪没有在文件中提到任务的预期效果，结果导致他对之一无所知而生气。每个人都觉得工作很难做，把原因怪罪在了其他人身上。

其中一部分问题在于，如果没有标准的明确要求的方式，每次在项目开始之前你都需要一遍遍地去问，这需要浪费大量的时间和精力，也会浪费其他人的时间和精力。我们需要一种系统化的沟通方式，避免重复对话。

U 型工具

在同一部门中，很多潜在冲突都可以通过明确职责、事前确立工作预期的方式避免。如果你有所期待，但是没有表明，实际上是将自己和团队放在了冲突一触即发的位置。当所有人都明确了自己的职责，了解组织需要自己做出的贡献，大家就不会轻易地对组织里其他人感到失望，也不会让别人失望。明确预期的另外一个好处是能够让他人尽快回应，高质量地完成工作。

我开发了一项工具和一个流程，帮助大家在团队内部明确预期，我称之为 U 型工具。虽然听上去没那么神奇，但千万不要小瞧它。U 型工具可以有效帮助我们避免冲突，同时提高工作效率。我在附录 1 列举了和团队共同完成这项工具的注意事项。

U 型工具帮助你记录两件事：1. 不同的层级表示你希望从部门各层级的同事那里获得怎样的帮助（包括你需要上级如何支持、团队如何运作、下级员工如何执行等）；2. 左右两端（图片中的左侧和右侧）表示何时需要帮助——是工作开始前的预先计划，还是工作完成后的事后审查和批准。图 7.1 展示的是上文我为政府办公室所设计的简化版 U 型工具。

U 型工具非常有用，它能帮我们厘清之前可能对他人模棱两

当所有人都明确了

自己的职责

当所有人都明确了

期待

大家就不会对其他人

失望

也不会让别人失望

可的期待。记住，如果你有所期待，但是没有表明，实际上就是将自己和团队放在了冲突一触即发的位置。我建议你可以通过附录 1 的 U 型练习，与团队成员逐一沟通你对他们的期待，让执行力更为高效。

图 7.1

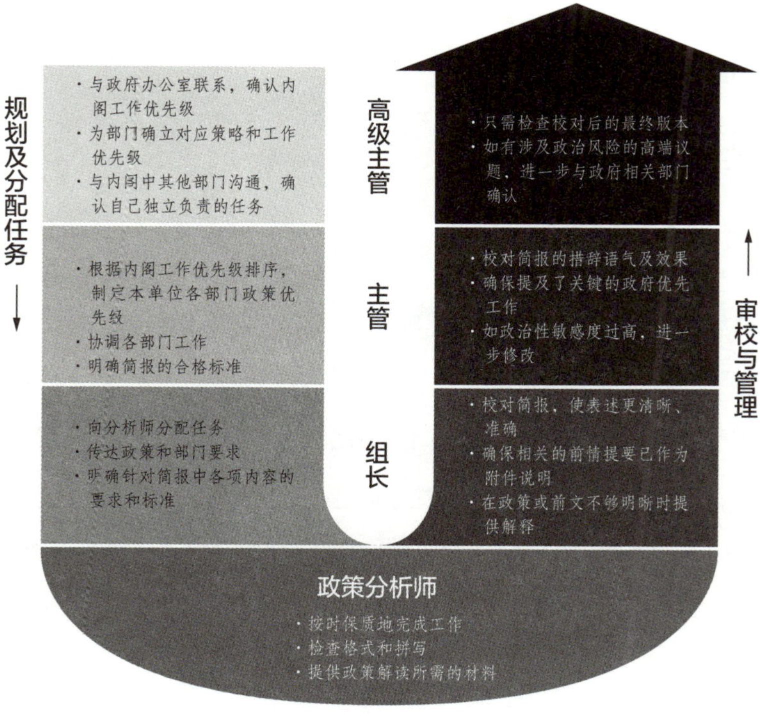

常见冲突来源

U 型工具在我推出并实践的 10 年中，已经运用于几十个团队。在每个案例中，这一工具帮助团队意识到了潜在的冲突，使之采取行动将冲突扼杀于萌芽期。以下列举的是你可能会遇到的常见问题，以及如何利用 U 型工具避免冲突。

冲突来源 1．隐形老板

领导者没有按照计划在工作中投入足够的时间和精力，这是我所观察到的最为常见的问题之一。特别是所需处理的重要事项太多时，这一情况尤为常见，整个团队处于繁忙状态。**如果你能列举出多项你希望老板能够给予协助的工作，但他却没有兑现的话，这意味着团队正面临着这个问题**，以上政府办公室的案例就是个很好的例子。布置任务时没提供任何背景资料，没有方向，结果当然不尽如人意。我逐渐意识到 U 型图表中左边和右边之间的紧密联系。临时更改任务的内容和方向，只能让后期返工的任务量更大。如果老板还没给予你工作中所需的协助，你可以利用 U 型工具去和他谈一谈。

你可以这样开启话题：“最近，我注意到我们的工作效率逐渐低于预期，有很多工作需要返工，团队里也因此起了一些摩擦。为了改善这一状况，我们让大家制定工作预期，明确谁在工作中需要获取哪些帮助。反映比较多的一点是我没有清晰地传达你的要求，这可能是最近工作没有达到要求的原因。这些信息希望团队管理者可以传达给我们，你看这项工作今后怎么推进比较合适？”

注意，我们不是在责备老板没有给到员工所需的信息，而是主动承认是自己没有满足团队的要求。这是我们在第 6 章里面讲到的“承认不理解”技巧的实际应用。

如果想要更具体一些，你可以列举一些事实，帮助老板理解忽略 U 型图表中规划一侧所带来的后果。“在上个月提交新店开业的计划时，我们之所以未在其中涵盖新的生鲜食品板块，是因为高管们更改战略之后没有通知到我们。后来大家重新进行了设计，但不得不比原计划晚了两周。以后工作中，如果我想获取更多的类似信息的话，应该怎么做呢？”把关注点放在临时改变计划给工作带来的影响上。如果你和老板的关系还不错，可以详细地跟他讲讲，比如员工过去几周的心血全部作废对士气带来多大的打击。我们的主要目的是让老板认识到团队要取得成功，他需要提供哪些协助。

在你与老板分享U型工具时，还有一种可能的情况是：老板认为你对他的要求太多——他希望你去处理一部分原本需要他去做决定的事情。这意味着，在你可能正希望着向更高一级直接汇报或者自己承担起更多的责任时，说不定他也正有此意。U型工具可以帮你更好地开启这段对话。

冲突来源2. 微观管理

微观管理可能是U型练习过程中最为常见的问题了，我称之为“滑向U型底部”。其主要体现在以下两个方面。首先，你会意识到很多责任一直被自己忽略，在U型的左侧没有投入足够的时间。通常来说，这些都是长期且大部分为企业内部的问题。当大家都在追求业绩的时候，一些并不急迫的事项就被一再忽视。其次，你会发现自己一直在努力地区分哪些是自己的责任，哪些应该推给下级员工（第三排下方的事项）。这意味着我们一直在错失赋权给下级的机会，也剥夺了他们做出完全有能力也应该去做的决定。毕竟，“承认自己错了是第一步”。

将自己的努力放在错误的层级里，会为团队埋下冲突的伏笔。第一，如果领导层忽略了策略问题，就无法为员工提供所需的方向和相关知识。这时你就成了那个隐身领导，注定了团队的失败。第二，当你太过关注本应由下级员工决策的问题时，会让他们对自己独立做出决定的信心备受打击。我曾见到过有的领导向下跨越两级去检查员工的工作。其中一位客户非常难为情地承认自己曾经做过“U 型底端的琐事”，让中间两级的领导都备受打击！

解决这一问题需要分两步走。首先，强制把更多的精力放在自己的任务上，与团队共同探讨工作失职所带来的后果。列举出能带来价值的讨论并将之模式化，作为今后团队处理紧急事务时的优先选择。从我的经验来看，将长期的战略性话题强行塞入现有的会议模式是不会成功的，不如为这些战略性议题制定一份年度会议日历，每次抽出至少半天的时间，专门来研究未来的发展方向。

其次需要自问，为什么自己认为有必要取代直接汇报者的工作？这个问题需要认真思考。在部分案例中，之所以会出现微观管理，部分原因是团队刚刚成立或仍在过渡阶段，领导对直接汇报者不放心，自然而然地想要插手他们的工作。但是请记住，帮对方完成工作并不能使之更快成长，坐在副驾驶永远都学不会开车。如果介入太多，那么近期内你很可能要同时处理自己的和直接报告人的这两份工作。不如有计划地培养下级的能力，逐渐增加信任，逐步放权。

但事实是，有着微观管理问题的领导并不认为能力落差是自己事无巨细地处理 U 型底端事项的原因。他们更习惯把价值赋予在自己信任的层级上，就此止步，很难再进一步地进行权力下放。我常常会遇到这样的领导者，他们更喜欢具体、有形的任务，抵抗抽象的对话，更注重行为，不在意审核与规划。如果 U 型练习能帮助你意识到自己把精力放错了位置，试着问问自己为什么，之后通过微小的改变逐渐调整方向。把注意力在错误的地方放的时间越久，你所积攒的冲突债务就越多。

冲突来源 3. 直接汇报者没有满足要求

U 型练习所揭示的另外一个冲突原因是直接汇报者反复地让人失望。如果是这样，U 型右侧的审校与管理就成了你需要关注的地方，这也正是本章案例中所出现的问题。玛丽亚认为员工扎克和他的管理者都让她倍感失望。对扎克失望是因为他提交了一份低质量的报告，并且没有附上内阁大臣所要求的内容；对罗伯特失望，是因为他玩忽职守，没有完成该做的第一次审校，导致玛丽亚不得不在审校内容的同时校对标点拼写和语法错误。有时候，失望要比愤怒给团队状态带来的伤害更大。别给团队成员提供对你失望的机会。

如果你的团队中也面临同样问题，你应该把精力放在设定正确的工作目标，并且为员工提供他们实现目标所需要的支持和资源上。首先，使用U型工具与团队中各个层级的员工交流，明确你对他们的要求。当员工抱怨工作目标不够合理时，保持开放心态。你的要求可能与当前的工作优先级冲突，资源可能稀缺、人手可能不足或者其他不理想的状况。如果你希望减少团队内的冲突，记得在设定目标时考虑到所有以上因素。

即使是在合理的期待下，团队需要的帮助可能比你已经提供的还要多。多向员工征求对管理方式的反馈。团队是否从你这里获得了足够多的信息和指导呢？如果答案是否定的，你需要更频繁地检查工作，确保员工是以正确的速度向着正确的方向前进，只有这样你才能知道现在的工作方式是否奏效。也许眼下的项目就比其他项目需要更多的资源，如果你及时发现了这一状况并及时调整，就能避免在整个项目失败后再后悔莫及。

如果员工让自己失望，悲观的老板会搜索更多的证据，以证明这位员工不可信。如果你希望团队能一直达成自己的目标，你需要不断地学习和适应。使用U型工具开启一场讨论吧，聊聊如何进行能力建设、增进沟通、保证资源、修订时间线，以及如何能让大家更容易地去实现目标，而不是心灰意冷。

冲突来源 4. 越级管理的老板

领导者越级管理是团队冲突的另一个常见原因。越级管理的意思是，当领导收到一份不满意的结果（例如一份文件、一个愤怒的顾客的投诉、一份决议）后越过 U 型工具中一层或多层管理者，直接找到事件负责人，亲自解决。无论是被愤怒的老板所质疑的当事人，还是中间被越过去的管理者，都会非常失落。你可以采取以下方式，减少因越级管理而带来的冲突。

首先，认识到越级管理的起因通常是老板看到了不理想的结果。方式之一是降低这种情况出现的频率，确保所有相关方了解老板的要求。你可以使用 U 型练习谈一谈领导在规划阶段明确要求的重要性，也就是说在设定目标时，各个层级都需要明确下一级能够自主管理的范围和程度。比如你设定了一个每月销售 300 万美元的目标，上级领导可以明确，当业绩连续三天都低于预期目标的 20% 以上，则希望下级可以及时汇报。类似这种逐步升级的方式可以记录在 U 型的右侧。

你还可以通过创建模板的方式来减少越级管理。在没有达成工作目标时，直接汇报人可以使用这一模板。一开始也是问一些老板通常会问到的常规性问题，这样即使老板没有参与到具体事项中，也可以知道直接汇报人是在认真做事的。除此之外，模板中还应包含优秀工作的评定方式和标准。比方说，如果“低于标准”意味着比 300 万美元的运转率低 20%，那么管理者应该在模板当中标注这样的提示：“对于任何低于此标准的销售结果，流量数据评价及其他任何可能的影响因素（例如天气或节假日，等等）。”在模板中标注了以上声明，能够让领导者在不亲自参与的情况下完成第一阶段的初步分析。

在完成以上的目标确立环节之后，记得要对正确的行为给予奖励。如果某位直接汇报者向你报告了公司财务、运营或声誉方面所面临的严峻风险，一定要及时地对这种披露信息的行为给予奖励。员工所汇报的可能是坏消息，但如果领导者表现出愤怒，将会破坏公司今后的透明度，也会让其他有意向做出此类勇敢行为的员工望而却步。如果发现团队成员隐瞒信息，试图在被上级发现之前自行解决，作为领导你应该毫不犹豫地给出指示，声明此类行为不可接受，再有类似行为会剥夺团队的自主权，等等。

但有时候领导者不得不亲自上阵。如必须亲自参与时，请遵循以下原则。第一，如果没到办公室着火的这种紧急程度，先从问问题开始。不要一上来就将责任方驱赶出局，自己亲自上阵解决问题。第二，委任一位同事调查原委，之后向团队汇报主要情况。不要浪费会议时间去猜测一些你在会议室里没办法解决的问题。第三，在与员工谈话的同时通知其上级，让其上级领导可以提供一些相关的背景信息及团队所需的协助。第四，闭上自己的嘴，倾听他人的发言。你可能并不清楚最近卖场的情况，所以先倾听，再发言。第五，当这一问题解决之后，确保一线员工及相关管理者可以将其彻底收尾，杜绝类似的事情再次发生。领导者时不时地越级管理，对于当下以绩效为标准、高度负责制的工作环境来说，相当有必要。需要时领导者可亲自上阵，最大化地减少低效冲突。

冲突来源 5．未得到团队认可

最后一点冲突来源是任务规划时的预期与现实之间的落差。大部分人在接收到上级的反馈和建议时会感觉沮丧，这是我之前没想到的。我也曾见过很多人在向领导汇报结束，得到反馈和修改建议时备受打击，大家本来期待的是“干得好”和一颗小红星。很明显，在这个过程中，双方都没有就最终的审校与管理环节应呈现的结果达成统一。

U 型工具右侧记录的是对工作的审校与管理流程。虽然效率高的公司会把更多的重点放在最初的策划阶段，而不是眼睁睁地等到事情搞糟了再出手。但需要说明的一点是，即使下级员工兢兢业业地按要求完成工作，初期成品还是会在一级级提交的过程中不断地改进提升。事实上，很多团队规定了只有工作出现问题时才需要领导的参与。

其实很多误解可以通过一个简单的对话来解决。U 型工具中制定了清晰的合格工作的标准，明确了可以改进的地方，即使工作已经交付也不受影响。比方说，我曾经和一个主导企业资源规划（ERP）软件应用的团队一起合作，他们制定了一个绝佳的方案并提交给了首席信息负责人。对方对工作质量非常满意，又因为自己参与了高层管理工作，所以了解到有一项前所未有的大型产品计划，可以培训无法参与其中的员工。负责人表达了自己的顾虑，于是团队共同努力，推出了一个现场不需要大量员工的项目。如果在一开始就有人了解到工作的要求，这样的改动也不会引起任何冲突。

其他需要思考的问题

在规划自己的 U 型工具时，你可以试试思考下列问题：

1．就部门中不同层级如何共同合作以优化绩效方面，你有什么心得？

2．U 型工具底端的工作，有哪些是你常会越级管理的？那些工作被你取代的人们，他们的工作积极性是否受到了影响？你应该如何把自己的时间放在正确的 U 型层级上呢？

3．你是否发现某一层级的员工对你的要求仍感到不明确呢？你对这一层级是否有心得理解？今后你如何能更清晰地传达自己的要求呢？

4．你是否对于 U 型左侧的内容投入过少？你是否注意到了越来越多的右侧重复工作所带来的间接后果？

5．不同的层级之间是否有排挤压迫？你是否注意到自己所做的工作其实应该由下一级员工去完成？如果答案是肯定的，为什么？如何能让你所在的层级下沉，同时下一级员工提升呢？

6．下一级员工是否给到了你所预期的工作？如果没有，为了团队的成功，你准备如何开口去谈这件事？

在管理团队中运用 U 型工具

我想再聊聊本章开头的辛迪和她的领导团队的故事。在了解了 U 型工具之后，你会发现她团队中的很多冲突都可以用这个工具来解决。首先，在辛迪匆忙布置下内阁大臣的任务时，她没有提供与政府策略相关的背景信息。作为高管团队的一员，辛迪本可以给扎克提供大量的帮助来起草简报的关键信息。通过U型工具的训练后，辛迪保证今后在布置任务时至少会抽出几分钟为下级员工准备相关信息。

玛丽亚承认自己和罗伯特在这个问题上也有责任。在没有弄清楚辛迪的工作要求前，就顺手转发邮件，同时玛丽亚还表示自己在修改简报时没有给予充足的反馈，并做出了几点帮助今后提高效率的承诺：第一，她同意从今后起将利用周会的时间快速地过一遍本部门所有的项目计划，让大家心中有数。第二，她承诺今后如果辛迪没有提供相关资料时她会及时提醒。第三，她表示会和罗伯特沟通，明确她作为管理者对于下级的预期，并说明哪些工作她希望罗伯特在给自己之前需要先行检查。第四，她承诺自己会与大家分享校对后的文件，帮助团队今后更好地合作。

在讨论的过程中，很多主管都提到了自己也遇到过简报质量不尽如人意的情况。他们决定派出能力最强的分析师进行一次午间学习分享会，帮助所有的政策分析师提高写作技巧。这样一来，大家都会知道上级的工作预期是什么，他们同时也提出了自己的预期：分析师之间应该相互支援，共同进步。

这些细小的改动带来了整个团队的大进步。大家的斗争和失落情绪一扫而空，每个员工都对自己的职责更清晰了。简报可以按时按质完成，再也不用上级额外花时间修改。整个团队都洋溢着积极的气氛，工作效率也更高了。

很多狂热团队中的领导总喜欢临时更改计划，希望能加快进程。但其中讽刺的一点在于，人们以为这样可以更快，但实际工作和后期返工的时间加起来，远远超过了一开始就把工作计划好所需要的时间。工作预期沟通不明，不仅会拖延进程，还为团队带来了消极的情绪因素（比如，同事间议论纷纷、彼此失望和负面反馈），对于团队成员的互信和员工士气都是不小的打击。花一点时间践行 U 型工具能帮你避免这些低效冲突。

本章小结

未明确工作预期将会导致低质量成果、低效返工，使员工心生沮丧并带来冲突。

U 型工具通过明确部门内不同层级的工作期待，以及何时需要协助，能有效避免冲突。

U 型工具可以帮助你从上级那里获得所需的协助，同时可以避免不愉快的微观管理和越级管理。

团队也能更好地关注在自身的特长上，实现价值最大化。

与直接汇报人使用 U 型工具可以帮助你提高标准，明确工作预期，在现有的基础上进一步提高团队工作水平。

第 8 章

冲突正常化

我曾和一家大型食品加工厂的高管团队一起工作。由于 CEO 有当众羞辱员工的习惯，导致团队成员的自我保护行为越来越明显，整个团队呈现出不健康的工作氛围。其实大部分员工都是非常出色、有合作意识的人，只是这种长期的高压状态将他们的积极性大大地消耗掉了。

我在旁听他们的每周例会时，注意到一件事。销售部的高级副总裁在讲到新计划时非常激动——他刚刚接到一个为独立日周末而准备的百万份猪肋骨订单。国内最大的零售商店之一希望在他们的假日宣传单上进行宣传。这可真是个好消息！

是这样吗？运营部的高级副总裁看上去就没那么兴奋。当我问其原因的时候，他列举了这样一份大订单将对工厂带来的影响。“首先，猪肋骨是劳工密集型的产品，我们必须安排最忙的生产线，三班倒，并且连续运行几周才能完成；其次，猪身上可不仅仅有猪肋骨，其余剩下部分的肉怎么办呢？我担心这样会拉低第二季度的效率。”

难怪运营部的主管对这订单没那么兴奋。在他看来，这将给运营目标带来巨大打击。因此，也很容易理解为什么他面露难色了。引发矛盾的关键不仅仅在于这个决定本身，而是当消息被传达到团队中时已成既定事实，让人感觉有越位行为。运营高级副总裁是一个很注重团队的领导，不愿惹麻烦，但这一订单注定将成为整个部门的大麻烦。只见他几次三番地将身体倾向桌子又挪开，似乎在犹豫要不要说什么。很显然，他内心在纠结着，究竟是站出来反对，还是要与大家保持统一战线，然后默默地让自己的团队承受所有后果。

这样的场景太常见了：对A团队来说的好消息，可能对B团队是晴天霹雳。如果没有正确的架构、流程或沟通话术去有建设性地处理冲突，很多人都会选择闭口不谈。然而，问题本身和消极情绪并不会消失，只是被隐忍起来。在跨部门团队中，如果没有能力或意愿去有建设性地讨论争议，结果将是被动进攻型行为，最终导致愤怒的爆发和相互责备。忽略冲突的做法并不可行。

我一直在努力说服团队，提高效率和员工参与度的秘诀在于更多的冲突，而不是越少越好，尤其是对于跨部门团队来说。团队习惯于按照顺序完成任务。一般情况下，想法首先是在研发的过程中出现，其次被传到生产部门，再次是市场部，最终是销售。但如果销售或市场对产品有疑虑，再重新按流程返回去修正的话，将消耗大量的人力（和财力）。跨部门团队应该将所有相关方聚到一起，共同创造一个各方都能共享观点、共同讨论的流程组合成最优的解决方案，矛盾和冲突不是跨部门团队的对立面，而是其主要的优势之一。正如那些酷青年所说，冲突“是一个特点，而不是错误”。如果跨部门团队中注定会有冲突，那为什么我们身在其中却看不到呢？

我在思索团队冲突缺失的时候，立刻想到“鸡毛蒜皮小事委员会”和他们对人一生的冲突回避的影响，但委员会绝对不是唯一的原因，除此之外肯定还有其他的因素在向我们传递着同样的信息。人们在职场中谈论团队时所使用的词汇和比喻就是在帮助自己绕开反对意见。人们对于团队的印象就是和睦相处，向着同一个方向前进，从来不会涉及冲突。我最喜欢的（实际上是最让我头大的）办公室海报就是一支划船队在平静湛蓝的湖面上静静地划着，荡起静谧而一致的波纹。图片的下面是一排显著的大字，写着“团队合作”。这幅图是想告诉我们，大家“都在同一条船上”，要成为一名好队员，必须“向着一个方向努力”——现在，我们需要换一个新的比喻了。

防水布比喻

我花了很长时间去想如何比喻，最后终于想到了这个故事。

几年前，我和我的丈夫克雷格一起，带着两个女儿去参加露营，那是一片如画般美丽的滨湖营地。一切都非常顺利，突然，天气预报说一场大暴雨即将来临。大暴雨。眼见着雨点砸到帐篷上，我已经能想象出到时候湿漉漉的睡袋和哭泣的孩子们。于是全家赶快开车跑到最近的小镇上，去买一块更大更结实的柏油防水布作为帐篷的额外防护。我原本计划买一块更大的防水布，使之完全遮住帐篷，防止到时候彻底被雨打湿。但因为去得太晚，唯一能买到的防水布不够大，没办法完全遮住帐篷，要想防雨的话必须得有技巧地遮一下了。

回到营地之后，我们把防水布展开，每个人拉住防水布四个角上的绳子，分别向着自己的方向拉开，争取尽可能多地遮盖住帐篷。我们是一个团队吗？当然！我们互相依赖，有着共同的目标，这就是我定义中的团队合作（在我的书中我说了算）。我们在向着一个方向努力吗？没有！没错！我们可以身处同一个团队，却向着不同的方向努力——好队员也可以和团队成员发生冲突。

在结束这段防水布的比喻之前，我们还能从这段露营经历中学到其他几个知识点。

首先，如果有的成员比你更用力，怎么办？如果某位成员的力气超过了其他所有人，怎么办？结果是他把防水布的金属固定环拽了出来，团队中最小的成员也被他拽飞了。这和我们日常的团队合作很相似。只要有一个声音又大，权位又重，知识还更渊博的成员，整体讨论就会失衡。不仅参与者会受伤，这块防水布最终也无法盖到帐篷上。换句话说，最终的方案也不是解决问题的最佳方案。大家需要确保所有人的力量保持平衡，不让任何人受到压制。

在我的故事中还有另一个教训。如果团队中有人厌倦了，翻翻白眼然后拍屁股走人怎么办？如果其他人还在干劲儿十足地拉绳子时有人放手一扔怎么办？防水布的一角迎风飘扬，帐篷的一角暴露在外面。所以这也行不通。

如果有人不拉自己的绳子，或许他们认为自己的观点是少数派无足轻重，或者他们已经厌倦了斗争，或者他们性格内向，寡言少语，不愿意被牵扯到混乱中，无论出于何种原因，我们现在都回到了解决方案只能局部最优化的状态中。如果跨部门团队中有人放弃参与讨论，那么这一问题中的重要一环就会被忽略，团队力量也会被削弱。

为了使团队发挥出最佳水平，你需要从各个方向努力，使集体的发力最优化：不要用力过猛，使一方完全处于强势地位；也不要太过谦逊低调，导致自己的顾虑得不到重视。这才应该是有成效的冲突应有的样子。

我发明了一项工具——“防水布工具”，来帮助大家将“良性冲突”流程化。防水布工具需要你填写：1．在跨部门团队中你希望每位成员可提供的独特价值；2．不同的利益相关方的观点，以及和其他团队成员相左的观点。防水布工具可以使团队中的紧张局面正常化，不会发展成为低效冲突。我已经将所有完成此项工具所需的说明放在附录 2 当中。图表 8.1 展示的是如何处理本章开头的食品公司案例中肋骨订单问题。

从防水布工具中学到的

防水布工具是我最喜欢的工具之一，它能帮助我解释清楚很多大家常遇到的情景……矛盾无处不在！试想一下，每个人都向

图 8.1

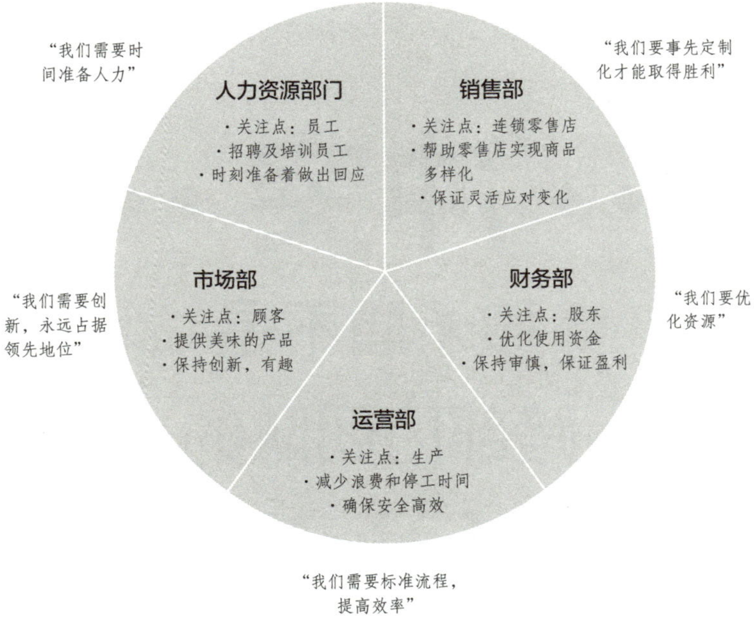

着一个方向努力，反而会给团队带来麻烦。划船运动员全都向着一个方向努力的画面会让人下意识地认为提出异议就是错误的。而在铺设防水布时，大家心中都有共同目标（例如，营业额最大化，消费者满意度最大化，等等）。为了实现这一目标，你们需要向着不同的方向努力，彼此之间形成对抗的张力。

当所有人使的力气都刚刚好，防水布才能实现最大覆盖面积，结实地固定在目标位置上。如果有一个或者几个人在自己的

冲突

和矛盾不是

跨部门团队的

对立面

它们是其中一个

主要优势

方向上用力过猛，平衡局面就会失控，防水布偏离中心，向相反方向拉的人也会因此失衡。相反，如果一个或几个人在自己的方向上用力不足甚至全部放手，防水布也会偏离中心，或有一个角没有被覆盖到。

团队中每个成员都要了解自己所拉的这根绳子（了解自己的独特价值及在团队中应承担的责任）。每个人都需要紧拉绳索，向团队施加压力（在必要时大声说出反对意见），同时不断监督观察，确保没有因用力过猛而给其他人造成伤害（讨论应主要围绕着问题进行，留给其他人提出异议的余地）。作为团队的领导，你需要灵活主动地掌握张力的力度。

通过防水布练习我们还可以有很多收获。我建议大家自行探索，积极和同事交流如何保持健康的张力。

常见问题

所有使用过防水布工具的团队都对如何更好地处理矛盾有了新见解。有些团队甚至通过防水布工具，解开了累积多年、因为误解和沟通不畅而导致的敌对状态。以下是你可能会遇到的一些常见问题，以及如何利用防水布工具在多方之间实现**高效冲突**。

有人的绳子拉得太紧

高效的跨部门团队合作所面临的主要威胁之一是有人把自己的绳子拉得太紧。如果一次讨论中有一至两位成员总是霸占着讨论时间，这说明团队中存在这个问题。方式可能是占据大部分会议时间，或者是讲话声音太大、语气太具有攻击性。过于自信的成员会按照自己的意愿调整讨论的风向，而导致最终的决议质量大打折扣。

与团队中所有成员共同完成防水布工具的练习，能帮助我们找到那些咄咄逼人的成员，发现每个人的独特价值。很多强势的人在经历这样的过程后都会稍有收敛。但如果练习完成之后，还是有人用力过猛，左右你的决定，是时候来检查一下他们的实际工作贡献了。

如果问题只是有人话说得太多，你可以采取一些正式手段调整每人发言的比重。要求大家在会议之前就把诉求材料提交，你可以在会前对所要汇报的内容有所了解。利用会议日程限定每个部门发言的时间，或打乱常规的日程顺序，让职权相对不高的员工先发言。采取正式的决定制定流程，确保你在了解过每个部门的发言之后再对最终决议表态。如果咄咄逼人的成员打破顺序强行插嘴，你可以这样说："刚刚我们在第一轮已经听到过你的发言了，我先听听其他部门的意见，之后开启第二轮发言，大家有意见再补充。”选择你方便使用的任何一种方式，平衡所有人的发言时间。

如果问题不在于发言的时间而是语气，那么可以先从为讨论制定规则开始。我曾成功地解决了一次这样的讨论。向在场所有人提问：如果想让讨论中的所有人的发力达到最佳状态，我们应该怎么做。我先做了一个简单的示范：“为了让团队中的‘防水布工具’更高效，我们应该少做 ____ 多做 _____。”这样能够让大家有机会讨论可能使防水布偏离中心的行为。在这一过程中，你还可以设定特有安全词，如果有人违背，大家能够及时叫停。安全词可以设定得非常简单，比如：“你用力过猛了。”

如果以上这些措施仍然未能解决力量失衡的问题，你可以私下与主导方沟通，向他解释其行为带来的负面影响：“今天早上我们在讨论价格变化的时候，你用了一大半的时间在讲营业收入将会受到的影响，使得我没有时间从其他同事那里了解价格变化将会对顾客带来怎样的影响。因此，我不同意按照你的计划推行工作。你需要在未来给其他同事的观点留足空间，你觉得如何？”

作为管理者，我们有必要深入思考，问问自己如何解决这样的问题。如果大家都使劲，意味着大家认为自己的成功是以对部门的贡献来衡量的，而不是最终决议对团队所带来的影响。他们或许是对的。如果目标和量化只看这个人对于部门的贡献，很难责怪人们会有这样的表现。一个依赖于营业收入的员工会很乐意地去牺牲利润来促进销量。现在开始，多多注意奖励标准，教导员工在为自己的部门争取利益和实现团队利益之间保证平衡。当员工做出让步，选择了以团队利益为主的方案时，要及时给予认可。如果你希望看到大家把团队的利益放于个人利益之上，首先需要做的是停止释放与之相反的信息。

还有一些公司整体向防水布的某一侧倾斜。我曾见过有的公司的销售部门主导着每次会议，使得运营和客户服务方面的问题得不到解决。在有些案例中，公司内有一定控制权的部门（如财务部，风险管控部、合规部等），掌控了整个决策环节，甚至到了阻碍公司发展的地步。我之前提到过一位妙趣横生的客户，曾经把风险合规部门主任戏称为“业务阻拦部副总”。深嵌在公司文化中的偏见没那么容易应对。

如果你的公司存在类似的偏见心理，你需要见缝插针地找机会开展优化各方力量的会议。利用第 6 章中提到的影响力策略开启对话，谈一谈过度关注某一部门可能带来的风险。比方说，销售团队表示无法达成预期目标，运营团队因此陷入危机。你可以这样问：“如果我们无法在六周内完成订单，但在第一季度内加速销售，消费者会怎么看呢？”不要指望一次对话就能完全改变公司的文化，但只要让强势主导团队意识到其他部门也有自己的观点，并在长期内逐步地教育大家在做决定时考虑到其他因素的重要性。

一职多人

团队中有着多位职责相同的员工也很容易导致观点失衡。经常会有这样的团队向我寻求帮助，但这样的设置本身就很容易带来不良冲突。其中的案例包括，某家零售银行的领导团队由六位区域总监和各核心部门的一位负责人组成，核心部门包括产品部、战略部、人力资源部和财务部。还有的案例中的领导团队是由赋能部门，例如 IT 部组成的。你可能本来就有四位合作伙伴分管不同的业务部门了，之后再加上隐私安全部、基础设施部和架构部的领导，导致同一团队中有多人同时负责某一板块，很容易让讨论的重心失衡。

这种架构会出现问题的依据在于，我们假定每个人都有同样的话语权，如果在一职多人的团队中，每个人都有相同的发言权，也就意味着一职一人的部门的发言权重会被压缩。这四位 IT 业务合伙人滔滔不绝地谈论着实施过程中会出现的问题，而核心业务部门却找不到插话的机会。这种模式虽然能达成在短期内使大部分人受益的决定，但长期来看会因为忽略了少数群体的声音而使团队处于危险之中。

如果你所带领的团队中存在一职多人的情况，你需要借助防水布工具强调这种不平衡状态的危险性，与团队讨论如何能够给不同的声音同样的权重。主动地对多数群体者的参与进行管理，在确定某一观点是否代表了大多数人的意见之前，先请小部分人发言。“好的，我们已经听到两位区域总监谈到了同一个问题，大家都同意吗？”先请多数群体中持有不同想法的人表达意见，之后再根据职务安排发言。这种方法可以保证最终决议是基于各种事实和意见的，并非仅仅考虑了主导群体的想法。

有人扔掉了绳子

影响决议进程的不仅仅是过于积极的员工，还有消极怠工的成员。那些在会议全程保持沉默，或者一开始积极参与，但在最终达成双方满意的结果之前就放弃努力，默默不语的成员也值得引起你的注意。当有人不再为自己的利益而争取，团队也就失去了从各个角度全面考虑的可能性。

对过分积极的员工来说，防水布工具能够让他们意识到团队中不同角色的重要性和价值。而当消极怠工的成员认识到保持沉默会对他所在的部门、所代表的同事，以及其所付出的专业努力带来负面影响时，他们说不定会更愿意参与讨论中。

如果是因为没有足够的时间导致发言者的观点表达不明，你可以采用对过分积极者同样的参与权重平衡策略。请沉默的组员在会前提交其想法和观点，在会议日程中为他们专门安排发言时间，或利用结构化的决策流程，征求每位参会者的意见。如果对方仍需要时间去适应这种更为积极的参与模式，你可以时不时地提醒对方："帕特，我们还没听到你的想法呢。"或者作为领导，你可以命令其他同事先安静下来。

如果以上这些温和手段没有带来什么实质性改变的话，试一试私下交流。你可以先以愤怒的姿态沟通，比如："我们在讨论更改餐厅布局的建议时，你对于缩小厨房面积没有发表任何意见。你可是会议桌上唯一一位员工代表，却没有替他们说说这种变化可能带来的影响。你准备下次如何改进这种态度？！"

而当对方开始承担责任，并以更积极的态度参与时，你可以适当予以协助。主动询问对方的需求，或许你会了解到说不定是自己的问题，比如主持会议的方式或者是参与会议的方式导致了当前不平衡的状态日益严重。认识到自己的偏见，以及领导者在面对自己赞同或欣赏的观点时，也会不经意地打破平衡状态。作为团队领导，你的任务是确保所有的讨论和观点都是为着最优解决方案而服务的。

在有些情况中，参会者的思路可能因为有所局限，部分重要的角度没有考虑到，导致团队未来的发展面临风险，抉择不够明智。作为领导者，如果你在相关的知识、技能以及对团队的认识上有所欠缺，你需要想办法进行弥补。如果是背景知识不足，你需要为员工准备拓展信息；如果是欠缺技能，你需要临时寻找他人协助，这时候外包公司或咨询公司是弥补团队短板的工具；如果是欠缺看问题的角度，邀请组外第三方来代表利益相关方出席会议。在这个过程中，你可以委任他人从顾客、承包商、合作伙伴或其他利益相关方的角度思考。最后，如果团队这张防水布还有哪条至关重要的绳子没人拉，可能需要你换条绳子，或者换掉队员了。

权衡取舍并不可行

在完成防水布练习流程之后，你会意识到团队中正常的工作状态应该是什么样的。在露营的故事中，防水布需要根据风向调整固定的位置。团队中的防水布也是同样的道理。情况不同，动机不同，有时看待事物的某个角度要比其他角度更重要。这也正是跨部门团队的优势：你可以和大家共同讨论不断变化的因素。

而当流程逐步细化、冲突逐渐浮现的时候，形势也不再乐观。设定年度目标的流程就是导致我们无法在团队中推行权衡取舍的主要障碍之一。因为在跨部门的团队中，大家虽然是高度依赖，但设定目标的时候又完全独立。尽管在工作中紧密关联，但却对彼此设定的目标一无所知，这本身就非常讽刺。

如果你的团队中也出现了这种情况，很可能就是导致冲突和不信任的罪魁祸首。很好理解，当我们清楚地知晓自己的压力和任务，却对其他人的情况毫不知情时，很容易让人产生“其他人玩忽职守”的想法，其他同事也会对他嗤之以鼻：“这个人怎么回事！”同样地，如果工作和目标是公开的，但绩效考核却在私下进行，员工会很容易产生只有自己在干活儿的感受，大家会认为老板只是在针对自己，却对其他同事睁一只眼闭一只眼。作为领导，如果你总是以非公开的方式处理团队的绩效，难怪员工会产生这样的想法。

利用防水布工具，明确团队中各方均衡发力的状态，可以帮助我们更好地处理冲突。防水布工具能帮你发现哪些成员在工作中用力过猛，而哪些成员又发力不足。它还可以帮助你在成员之间的沟通取舍未能成功时及时扭转局面。如果各方发力已经出现不均，防水布工具可以帮你弥补部分伤害。

我们的目标不仅仅是亡羊补牢，更重要的是从一开始就做好预防损失的工作，防水布工具能够帮助你做到这一点。

使用防水布工具设定目标

为了让防水布流程尽可能地高效，你需要改变自己设定（或修订）绩效目标的方式。这不是说要求大家在进行绩效管理的时候必须以团队的形式进行，而是说至少在设定目标时邀请其他人参与进来。以下这个简化的流程可供你参考。

首先，与你的领导共同探讨，确定好团队的整体目标作为基本出发点；其次，召集团队成员，传达这一目标，并安排出几个小时的时间对目标进行讨论，以及要实现目标需要做出哪些努力。会议之后，请各位团队成员独立列出两张表单，在第一张表单中列举出为了达成目标，你个人需要哪些帮助；第二张表单中列出你认为其他团队成员应如何做才能让工作更高效。在第二次会议之前，先分发以上信息作为会前资料。

之后，以工作坊的形式组织一次会议，解决以下问题：

1. 如果我们按照表单上的要求去做，能否实现我们的目标?

2. 还有没有其他需要补充的目标?

3. 在已提出的目标中，哪些非优先级的工作是可以从表单中删除的?

4．如何对已通过的目标进行优先级排序？

在回答这些问题时，你可以创建一个团队总表，让大家以此为依据对自己的目标进行相应的修改。工作坊结束后，每位团队成员需要提交一份可用于分享、修订以及最终定稿的目标表单。

以防水布框架为工具设定目标只是完成了方程式中的一部分，更为关键的是当外界环境发生变化时，最初制订的计划也会随之失效。在我合作过的大部分团队中，经商环境的改变、企业战略的调整和资源的重新配置，根本不会考虑员工之前所设定的目标。由于绩效目标在年初时已经敲定，所以当变动出现时，大家都会无奈地甩甩手："今年的奖金又要泡汤喽！"

试想一下，当大环境的风向改变时，有些团队借势飞翔，有些团队就要逆风而行，其中将会引发多少冲突。本章开头介绍的猪肋骨销售的故事正是如此。突然而来的百万份猪肋骨订单可以让销售部主管轻轻松松实现自己的目标，但也意味着运营部主管将离设定目标越来越远。想要在跨部门团队中保持健康的工作动态，绩效应该在年度内随时调整。

我将通过以下这个故事向大家展示如何具体操作。某家电脑硬件公司的高管团队正在设立其年度绩效目标。PC部门主管泰瑞也在设立自己的个人目标，她的目标是：

1．将PC芯片的销售额提升7%，同时保证毛利率在18%

以上；

2．推出三款新型 PC 芯片，确保 35% 的一线制造商的电脑采用其设计方案；

3．将消费者对所有产品的满意率提高至 75%。

为了实现自己的目标，泰瑞需要向其他团队成员寻求帮助。她的业务在很大程度上受到了整个供应链的影响，包括他们向芯片生产商支付的价格以及工程师能够在多长时间以内将产品送至生产商。除此之外，由于新品上市是由市场部负责的，所以对泰瑞也有很大的影响，她还需要从检测和质量保证部门获得数据之后才能向电脑生产厂商提出绩效要求。泰瑞特别需要大家都能优先处理自己的要求。

现实却是……对手公司推出了一款广受好评的产品，这意味着中国制造工厂将会非常繁忙，对生产这款芯片的报价也随之上涨了很多。供应链团队从之前的供应商处拿到的产能远远不能满足现在的需求，泰瑞不想牺牲质量，所以她提议暂时更换一家供应商。供应链团队的负责人并不买账，因为更换供应商意味着他们要做很多额外的工作，并且会远远超出之前设定的成本。

更为雪上加霜的是，推出新芯片也需要市场部比以往付出更多的努力。对手公司已经率先推出了一款颇具竞争力的产品，如果要满足消费者需求、优化产品，即使是最微小的改动也要超出之前的成本。如果不是泰瑞的同事——移动设备部门主管斯图这时候推出了一款炙手可热的新品，并要求市场部门给予更多支持的话，局面本还是可控的。供应链的问题再加上市场部重心的转变，泰瑞感觉目标离自己越来越远。

我从泰瑞处了解到公司之前的处理方式。大家都只关注于自己的目标，为了完成自己的目标不惜一切代价——甚至不在乎会对公司的整体业务带来怎样的影响。供应链负责人只关心成本，所以他一定会选用常规供应商，即使会对产品的品种产生影响。泰瑞和市场部领导都把目光放在了这三款新芯片上，所以两人都不希望把资源让给移动设备产品，即使后者可能会更有利于公司的发展。一般来说，所有人都只顾向着自己的目标全力前进，而公司最终的整体业绩会远低于预期。

但这次我成功说服了CEO，使之相信在一整年只锁定一个绩效目标是不现实的。于是对方不仅同意根据市场环境调整目标，也赞同个人目标的变动会使其他同事及整个团队的目标而随之变动。于是团队决定，从公司的整体利益出发，暂停其中一款PC产品的问世，把双倍精力放在移动设备的上市上。当团队齐聚一心，集体做出这一决定时，其中的困难和阻力也小了很多。员工的个人目标也随之进行了调整，比年初刚设定时灵活了很多。

你的团队也可以借鉴这个流程。与其将目标板上钉钉，不如给它留一个活动空间。在日常的会议当中适时强调计划中存在的风险。在问题出现时及时采取措施，留足改正的时间。当员工发现了问题（例如供应短缺，销售成本上升）或侦测到机会（例如新的移动设备），整个团队需要就此展开讨论，如果确定属实，随之修改整个商业计划。

一旦确定了最符合公司发展的决定之后，再回过头来依此修订个人计划。如果你选择将资源从一个部门转移到另外一个，考虑这两个部门的负责人的个人目标应如何调整才能更适合当前的资源状况。如果某一团队的工作量因为新机遇的出现而增加，员工的工作优先级会发生怎样的变化？是否有些任务可以从清单中删除？如果你能妥善解决“为了部门的发展”和“为了公司的发展”这两者之间的冲突，我相信团队中自顾自的自私行为和消极的争斗也会随之减少。

虽然我们不是PC部门负责人（或本案例中任何一个角色），但以上案例中的基本思路可以应用在不同的职位中。团队中每个人的成功都离不开彼此的努力，你在做决定时需要考虑如何做才能使集体的绩效最优化。如果公司的绩效管理流程与上面的思路相悖，别管它，去做正确的事。任何人或事都不应该成为阻止我们统一团队目标的阻碍。如果没办法在年中的时候以正式的流程修订目标，至少确保让领导和其他团队成员统一战线，战略转移重点。如果你坚持做自己认为有利于团队发展的事却因此在年末受到处罚，请尽早离职，这个公司已经不适合你。

跨部门小组成立的目的是将看问题视角不同的员工聚集在一起，共同讨论如何高效、高质量地解决自己工作中的冲突。事实是，团队是为冲突而生，但团队成员不是。我们应该积极主动地处理冲突，而非压抑冲突。不同岗位之间有矛盾很正常，但如果常被误解为是私人冲突，整个局面也因此变得棘手而低效。

利用防水布工具，你可以在自己的团队中实现冲突正常化，规划出不同职位之间的独特价值，明确指出矛盾的存在是正常的。随着员工的意识不断增强，共同语言越来越多，大家会更积极地面对讨论与冲突，而非消极逃避。决议更明智，信任更深厚，这一切都是因为团队内的冲突越来越多，而并非更少。

本章小结

跨部门团队中出现冲突很正常，但很多人却认为这是团队合作的对立面。如果不能意识到不同的声音甚至反对意见的重要性，团队很可能会面对低效冲突的困扰。

防水布工具可以帮助你明确不同职位的不同预期，以及彼此之间很难避免的斗争，从而使冲突正常化。

利用防水布工具培训团队中发力过猛及发力不足的员工。

解决团队中因为一职多人和一职一人而导致的不平衡状态。

讨论团队成员之间的权衡利弊而带来的影响，从而减少因某方的输赢而引发的摩擦。

在设定目标环节中利用防水布原则处理好团队中相互依赖的状态。

第9章

冲突习惯化

最近我一直在帮助一支团队培养高效冲突的机制。第一次培训时，这支团队杂乱无章，根本没取得任何成效。后来我了解到，对于他们来说，事无巨细的讨论风格已经成为常态。他们早已习惯每周 11 个小时的会议，其中还包括每周一长达 4 小时的例会。每次周例会，这支团队都要处理厚厚的一沓资料，上面以六号字体密密麻麻地写满了上周事项。每次开会都要仔细地研究细节问题，虽然整个团队都坐在会议室中，但实际上涉及的相关方只有两三个人，其他人都在走神儿。这个团队连重要的会议也常常缺乏任何观点或见解。

所以，我第一步先使用第 7 章中的 U 型工具，帮助大家将重点放在战略性的问题上。把会议时间放在更重要、更有趣的话题上，团队成员的注意力也更集中了。

当团队意识到需要讨论什么问题之后，我们开始把关注点放在如何讨论上。之前都是由几个比较有想法的人主导会议的，他们也已经习惯如此。为了改变这一状况，我在防水布工具的帮助下，和这些成员一起探索了团队中正确的发力状态。有些人表示不理解，消费者体验部的主管副总一直向其他人强调自己“拥有”消费者体验这一领域，意思是大家都要服从他的意识。在防水布工具的帮助下，他逐渐意识到虽然自己主要负责这一领域，但主管产品和市场（负责价格管控）的同事也在其中发挥着重要作用。

在一段时间的努力之后，团队终于开始步上高效的正轨。真是辛苦了！谈论的话题越来越有价值，越来越多的员工也能参与其中。大家逐渐地意识到了每位成员的独特价值，也更能熟练地使用防水布工具。虽然如此，大家对全新的工作方式还是略微手生，不能自然而然地进入良性冲突状态。团队还是很容易就会陷入低效冲突的陷阱中。

我知道团队为了收获现在这种工作状态付出了很多努力，所以当听说有一位新的团队领导琼斯即将上任时，内心略有一丝担忧。在这之前，琼斯曾在欧洲工作了很长时间，非常优秀，这也是他第一次来北美工作。很多人对他赞赏有加，提到他非常重视培养健康优秀的团队。但是更换领导，特别还是有着另一种文化背景的领导人，我很担心之前好不容易培养起来的新的工作方式无法持续下去。琼斯还没搬到美国来，我已经和他在电话中做过沟通，筹划着第一次走出办公室的活动。他的想法没有问题：团队对他来说很重要，他是无论如何每个季度都会开展为期两天的活动，以及专门安排一天进行团队拓展，他是多么迫不及待地开展这边的工作，等等。当琼斯提到他的目标是打造“生机勃勃”、充满着辩论和不同意见的对话时，我非常赞同。太好了！我也期待着生机勃勃的交流。

新领导和我们的第一次活动如期而至。我从市区出发，开了一个半小时的车，终于来到了一个美丽的乡村小酒店。这里有明信片一般美丽的风景——清脆的溪流、小水车，还有充满着历史感的岩石建筑。和日常团队交流的场景相比，这已经算是一个很大的改变了！团队成员也陆陆续续地前来报到，大家一起围坐在一个马蹄形的桌子旁。会议开始，大家都明显地紧张起来，每个人的肢体状态也都僵硬了。所有人看看新老板，又回头望望我，期待着我能指出一些方向（或提供一点安慰）。大家都想给老板留下好印象，谁也不敢轻举妄动。琼斯之前说他期待着“生机勃勃”的交流，现在他看到的只是一片死气沉沉。我之前提醒过他，由于文化的差异，这里的员工可能并不会像他之前所熟悉的那样，乐于直面冲突。

现在他明白我的意思了。整个团队都安安静静的，有问题时回答，但从来不愿多说一句。琼斯不愿再沉默下去，于是一遍遍地重复套话。他不知道其实这样做更让所有人“有机可乘”。现在大家都默默地向后缩，等待着琼斯给出所有的答案。我有点失望。显然我之前用了过去几年的时间帮他们培养起来的冲突技巧和流程还远远不够，必须要把高效冲突培养成一种习惯。

让冲突成为习惯

我和我的朋友——非常有见解、有影响力的组织心理学家马拉·戈特沙尔克（Marla Gottschalk）聊到高效冲突时，她提到，面对职场冲突，人们需要具备强大的复原力和韧力。从传统概念上看，我同意人们（无穷无尽的艰难对话中）处理冲突时会有一种极大的压力，需要非常坚毅的品质才能抵抗。但是，在我与团队的合作过程中，我的目标是传授一种看待及应对冲突的全新的方式，一种不需要人们有强大韧力的方式。我的目标是让高效冲突成为一种习惯：不需要额外的关注和努力，每个人都能习以为常的能力。

这是拥抱高效冲突的最后一步。在转变了心态、培养了技能、将冲突放在了工作流程中之后，你的最后一步就是让冲突习惯化。

《韦氏词典》中对习惯的定义是“已获得的行为模式，几乎或完全可以不由自主地进行”。[15]这就是我们需要做的，让高效冲突成为你和团队毫不费力的一部分。培养这一习惯的秘诀在于，增加冲突的频率，降低强度，使之成为一种日常而自然的习惯，最后在冲突发生时，大家不会觉得有什么异样。当冲突成为习惯时，大家会就事论事，个人情绪不再左右我们的交流，大家也不再心存戒备，而是解决问题，然后继续工作。这是最终的目标：让高效冲突成为你工作日常中的一部分。

你可以通过日常工作中的细小改变逐步培养起良性冲突的习惯，方法有很多！可以试着从以下五种方法做起。

习惯 1：明确期待

我正在和一家电信公司的高管团队坐在一起。他们的 CEO 刚刚离职，新老板即将上任，大家都在等待。我协助大家在领导者空缺的这段时间处理好团队中出现的矛盾。

正当大家讨论着对新老板的期待和担忧时，其中一位高管肯突然说："我希望老板尽快意识到我的业务和其他人负责的业务不同。"我问他是否计划把这件事和新任 CEO 交流，他以一种"你在开玩笑吗"的语气回答说："当然不。"肯说，如果告诉新老板如何去做，这样会显得自己太过于主观臆断。我解释道："我认为你不应该告诉他如何去做，你应该告诉他你希望他如何去做。这两者之间还是有很大区别的。"心怀期待却没有主动沟通，肯的做法注定会让自己对老板失望。

我们总是这样做。我将之称为"情人节效应"，很多人情人节的时候就会这样：在心中预设好了 100 种期待，希望对方让自己感受到被爱、被珍视，却从不和对方明说，但又希望对方自发地完全按照我们期待的方式去做。根据我自己非正式的调查，想要拥有完美的情人节，这条路可走不通（更多内容详见附加章节）。值得感慨的是，大部分人把这种思维也带到了工作中：我们对自己想要什么心知肚明，但从未主动沟通，而是等对方自己琢磨清楚，或者大部分的现实情况是，等着对方让自己失望。

心怀期待却闭口不谈，采用这种方式和毫不知情的团队成员共事，百分之百会引发冲突。如果想要避免低效冲突，请养成将自己的期待与他人沟通的习惯，并主动询问他们的期待。从今天起，开始做任何事时（比如新工作、新项目、新任务）都先和所有的相关方交流清楚，做到对预期的状态心中有数。记住第 5 章中提到的原则，在表达自己的预期之前，先问问别人的期待是什么。以开放问题开始，给对方的答案留出足够的空间，其所涵盖的角度可能要比你预想的更多。比方说："你认为获胜是什么样的状态？"或者"你觉得成功是什么样的？"或者"你认为解决方案中应涵盖哪些方面？"如果你每次都这样去问，同事们会逐渐习惯，甚至在你提问之前就主动回答。明确期待也会成为一种习惯。

习惯 2：增加一些矛盾

在我进行以冲突为主题的演讲时，观众们常常会问到如何能够将高效冲突引入冲突回避型的团队中。我的回答是：虽然高效冲突是一种健康状态，但一开始并不会特别诱人——就像吃麸质食品一样。如果提供给大家的是一盘干巴巴的麸皮麦芬，大家肯定咬一口就吐出来了。不如在玉米片上先撒一些麸皮芽试试。不需要用到以下任何技巧，简单地在团队成员的日常饮食中加入一些缓和的冲突作为调试剂。

验证事实。在讨论问题或者做决定的过程中，同事们会提

我的目标就是让

◆◆ **高效冲突** ◆◆

成为一种习惯

不需要付出

› **额外** ‹

的关注和努力

每个人都习以为常

供一些信息作为支持自己观点的论据。与其单纯地认为所见即所信，不如在这之前先确定一下事实的真伪。“你刚才提到，考虑到高端用户比其他群体能接触到更多的网络信息，所以选择先在高端用户中推广这一项目。请问这一结论的事实依据是？”这样做避免了直接质疑同事的结论，但也给其他团队成员提了个醒：不能理所当然地认为所有的信息都是真实的。如果把这种做法坚持下去，大家会更多地将之视为一种标准操作流程，而非针对某位同事。

换个角度看问题。当讨论一直局限于某一个角度时，你可以提供另一种思路，引入一场小型良性冲突。“程序简单明了，大家做得很好！下一步，如何能让它更受欢迎，传播度更高呢？”如果你直接点明缺点：“这个想法的传播度不高。”肯定会有人产生反抗情绪。但是先肯定其优点，再指出可从另一个角度取得的优势，会让更多人愿意接受。时不时地换个角度看问题，也能让团队成员习惯性地辩证地思考自己的观点；当你提出反对意见时，大家也能够更心平气和地接受你的建议。

代表利益相关方的态度。当同事代表某位利益相关方去看问题时，你可以跳出来换一个角度思考。“我完全同意你刚刚说的，这个项目肯定会受到消费者的欢迎。那你觉得会对运营团队带来怎样的影响呢？”注意：如果总是重复地提某一个相关方，这个技巧很快就会失灵。“你看莫妮卡又在替市场部说话了！”避免总是代表某一方的态度，时不时地更换你所代表的主体，可以让这个方法的效率更高。将所有涉及的核心利益相关方列一个表单，如果有哪一方在团队讨论中没被顾及，要及时提出。第8章（以及附录2）中的防水布工具可以帮助你列出涉及的所有利益相关方。

增加应急方案。在对当前方案没有异议的情况下，提醒同事情况可能发生的变化很有必要。“我同意现在的方案，但我也认为应该先对项目进行市场推广。如果竞争对手在市场中超过我们，上市计划应该怎么调整？”提醒同事考虑其他可能性，能够帮助大家开阔思路，减少集体决策，降低计划本身中存在的风险（即使是好的计划也不例外）。

定义关键词。决策无法按计划正常实施，原因之一在于每个人对于关键词都有不同的理解。为了减少这种情况，我们可以让对方解释其用词背后的含义。“大家都同意应该通过增加后续措施，增强领导团队的责任意识。请问后续措施具体是指什么呢？”冲突回避型人士因为担心自己可能会成为问责主体，常常选择模糊定义关键词。我们在第7章中提到过，如果没有在一开始就明确预期和目标，只能是为后续的摩擦冲突埋下伏笔。

预想结果。提出决议可能带来的后果，帮助团队把目光再放长远一些。“好的，我觉得这个计划还不错。如果今年夏天实施的话，你们预计产量巅峰会在什么时候到来？是怎么实现的呢？”这是一个迫使团队积极思考的好习惯。即使计划的结局可能不太理想，让大家提前做好心理准备，免得最后结局令人大失所望，成员间互相指责，推诿责任。

让矛盾浮现。在他人介绍自己的想法时，认真聆听，观察所使用语言的前后变化。如有细微差别，说明团队之中还未达成一致。通过指出这些变化，提高与会者的理解：“我刚听到了不同的解释，你能再具体讲讲我们刚达成的结论吗？”如果有同事不能直接阐述自己的顾虑，你可以通过这些细微的差别，揭示团队内部的矛盾。

关注假设。在决策环节中下意识地做出过多假设是一种非常危险的行为。当同事把计划建立在假设的基础上时，及时提醒。“整个计划似乎都是以密歇根的发展情况为基础的。那么对在底特律的发展你又有哪些假设呢？”这并不一定是质疑对方的假设，只是让他有所意识，为团队的判断提供依据。

给反对意见留出空间。当自己想不出能够让讨论和决议过程提高效率的方法时，可以给其他人的意见留出一些空间。“我们有没有哪一点没考虑到呢？有没有谁找到了这一方法中的漏洞？如果请财务部的同事来提意见，他们会怎么说？”领导者，这一动作就足以使原本沉默无言的团队开始为了集体利益而发声。

经常性地使用这些不起眼的小技巧是培养高效冲突习惯的开始。你的目标应该是提高团队内高效冲突的频率，但需要降低其激烈程度。长久下去，大家会对冲突逐渐脱敏，能够更多地关注问题本身，而不会把工作讨论升级为个人攻击，你也可以在问题露头时及时解决，避免冲突债务。无冲突债务的优势在于，在面对更为严峻的争论时，我们只需处理眼前的问题，不必担心之前悬而未决的种种不愉快。

习惯 3：改进你的反馈意见

让其他人知晓自己的做法对他人的影响应成为团队中的常规做法，同时也是培养冲突习惯的一部分。如果没有对同事的做法给予反馈，我们就是在积攒怨恨。怨恨，根据字面意思可知，是另一种形式的冲突债务。要避免冲突，善于给予反馈这一环节必不可少。闭口不言不仅仅会引发冲突债务，还会损坏自己的信誉评价。如果对同事积怨已久，而我们却从未就此正面沟通，又如何去奢望获得对方的信任呢？是时候要培养起给予反馈的习惯了。

但现实却是，如果你和我（或者和我遇到的 95% 的领导者）

一样，可能根本不擅长给予积极反馈。我们总是热衷于给出低质量的评价，又不得不处理随之而来的对方的抗议。问题在于，我们将反馈和个人评价混为一谈——特别是对别人的想法及感受的评价。如果要对别人的想法和感受指手画脚，那就准备好应对对方不友善的回复吧。想象一下，如果有人对你说："你就是看事情很消极！"你会不会非常好奇，特别想知道对方为什么下此结论？相信我，一般人肯定会的，除非是圣人。

优秀的反馈，重点在于观察，而不是评价。我们只能评价自己所看到的，却无从了解对方的所思所想所感。只有我们才了解自己的想法和感受。这对每个人都是公平的。所以，要给出一份优秀的反馈，你首先需要客观地描述对方的行为，之后再从主观角度出发，告诉对方这种做法对自己的想法和感受带来了怎样的影响。

客观待人，主观待己。很多人的做法却是反着来的。他们对别人的想法、感受和为人主观臆断，评头论足，却以描述客观事实的方式来描述别人的做法对自己的影响。我就曾犯过这样的错误。我曾经的一位团队成员萨拉总是从悲观的角度看事情。在一次非常不愉快的会议中，我冲她大喊："你觉得这个计划糟透了是不是？那我的团队也不再欢迎你了！"我对于萨拉的评价是主观的，但在描述自己时却使用了客观表述（我不再欢迎你了）。

实话说吧，萨拉当时并没有很意外。我是在通过行为向她施加压力——这样做很不好。

当你准备评价别人的想法时，暂停一下，先反思自己。你的评价从何而来？为什么你认为这就是他人的想法呢？我必须反思为什么自己会认为萨拉讨厌这个计划。在收到老板发来的最新版计划后，我与团队分享，而萨拉提出了三点不足，却没有给出一个积极评价。想到这儿，我意识到是自己没有以更好的方式给予萨拉反馈。“当我拿出计划，你是第一个发言，并且提出了它之所以不可行的三点理由。但这个计划是个强制任务，我们没有选择，所以当你提到它的缺点时，我很难再让大家集中精力去讨论如何能使之可行了。你能否以更合适的方式来处理呢？”随着我对萨拉的了解逐渐深入，我才发现她一直非常努力地去发现隐患，降低风险，但我却假装了解她的想法，破坏了自己和这位聪慧能干的女性之间的关系。我用了很长时间才重新赢回了萨拉对我的信任。

如果告诉别人他们在想什么是不对的，那么教别人应该有怎样的感受更是错上加错。首先，我们无权干涉他人的感受；其次，这样的行为是在入侵他人更为敏感的情感领地。教别人应该有怎样的感受包括：“你越来越沮丧了”，或者“你心情不好”，还有我个人最讨厌的：“你不开心了。”首先，对别人说你不开心了，大多数的回应都会是："我没有。"再配上涨红的脸和紧张的声音。你继续反驳："你就是不开心了。"这时候，双方的斗争已经开始了。换种方式，告诉对方，你是通过观察感受到他正经历情绪低落。"你刚刚讲的三句话都只有开头没有结尾。不如我们倒回去，你再跟我说说你的感受吧。"观察别人的肢体语言和讲话的语调语气，并不意味着你可以对他人的感受指手画脚，你只描述你所观察到的内容即可。

比评价别人的所思所感更为糟糕的是评价对方的为人。这是你在给予反馈时最为隐私也最容易冒犯别人的行为。把他人的行为归结为其性格的原因，常见的例子有"你太懒了"，或者"你可真是个霸道的人"，或者"你就是个挑三拣四的性格！"指责别人在为人方面的缺陷要比指责他人做错事情更为可恶。如果这是你第一次看到别人的"懒惰"行为，更不应该把对方的行为和性格联系到一起。如果你已经注意到一系列类似的行为，可以这样说："你提交的工作比我们之前商定的内容少了一部分，这已经是本月第四次出现这样的情况了。"对于反馈接收方来说，在自己已经犯了错误的情况下还要听到别人对自己人格的评价，更是雪上加霜。这样的评价会使他人对你的信任产生难以挽回的伤害。

培养积极的反馈给予方式能够有效地避免与老板、同事或直接汇报人之间产生摩擦。将评论性的反馈更换为更容易理解的语言，是一种有效地避免冲突债务的方式。

习惯 4：幽默与暗号

培养冲突习惯的过程并不一定都是严肃而紧张的。在团队中树立冲突规定，再借助一些幽默，用一些笑话和暗号作为提醒，都是较为温和的处理方式。我曾合作过的一支团队就非常擅长于此。团队领导常常会不自觉地陷入微观管理中，这种插手小事的习惯也给他带来很多负面的影响：领导者无暇顾及本应由他负责的战略性事务，下级管理者又感觉自己的自治权被老板所取代。这位团队负责人兰斯是一个非常聪明又风趣幽默的人，但即使这样，每次当他插手琐事的时候，下级还是很难直接提示他不要多管琐事。

我决定使用一些幽默元素来帮他们解决问题。兰斯特别喜欢电影《角斗士》，他曾经多次向自己手下的领导者们展示其中的一个电影片段，其中罗素·克劳扮演的马克西姆斯在山脊上密谋了一场战役。他准备好了弓箭手和骑兵，布下了战争的大局。但一旦战事紧张，马克西姆斯就会从山脊骑马而下，直插战场，然后从马背上一跃而下，疯狂杀敌。兰斯喜欢这种动作类的元素。

（他最喜欢的情节是马克西姆斯请求自己的军队“不要退却！”）我欣喜地发现这一片段可以完美地用在领导力的比喻上。有时候兰斯宁愿离开自己指挥的高地，来到战场亲自杀敌。在和管理者团队经过一次认真的讨论之后，兰斯同意自己应该留守在山脊的高地处。

他很用心地接受了建议，谨慎地选择自己参与具体事务的时间和方式。几个月后的某天，他又犯老毛病了。公司正在策划一场大型的企业活动，CEO 之下三四级的管理者正向高管们汇报策划的具体情况。兰斯注意到一个不起眼的问题，于是插手进“给客人的礼品袋里是放一件长袖还是短袖 T 恤衫”的讨论中。在座的团队成员都没有作声。值得一提的是，运营部主管这时候悄悄欠身在兰斯的耳边小声说：“回到你的马上。”于是，他笑了笑，马上转变语气：“我相信在座各位肯定比我更懂这些，你们决定就好了。”

这虽然只是一件小事，却意义深远。CEO 让自己的团队帮助自己维持住了好习惯。一点点小幽默不仅让兰斯意识到了问题，还让原本不愉快的问题转变成了大家能够开玩笑的对象。在这之后，我又陆续听说了很多人利用风趣幽默的内部笑话作为重要事项的小提示，提醒大家注意在团队中的表现。加一点幽默，开开这件小事的玩笑，但不要开彼此的玩笑。

习惯 5：鼓励会议中的高效冲突

我们和同事的大部门互动都是在会议中，但很多会议又都是异常低效的。与其专门召开高效冲突主题的座谈会，讨论如何发现并解决冲突，不如在长达几个小时的会议中观察团队的权力与政治。实际的问题讨论和解决方案商定环节都是在小范围交流和无穷尽的会议循环中。希望将高效冲突培养成一种健康的习惯？改变我们管理会议的方式是关键。

明确会议目的。我不敢相信，有很多人在会议中浪费着时间，却完全不知道这个会究竟为何而开。我们早已成了日历的奴隶，头脑空空地在规定的时间里出现在那些被精心命名的会议室里，说着 / 听着无用的废话，消耗时间，直到手机提示我们是时候转移到下一个会议室去。如果你想要高效，首先要打破以上模式。在日程中明确会议目的，并在会议开始前再次强调。在介绍会议会涉及哪些内容时，同时强调会议不会涉及的部分。“这是运营部的周会，我们会关注处于红灯和黄灯状态中的事项，任何绿灯事项都将会在月度会议中讨论。”如果你想要大家乖乖地吃高效冲突这盘蔬菜，就必须先把甜品从餐桌上拿走。

明确每个事项的目的。明确会议日程中规定的讨论环节。如果日程中写明讨论目的是收集信息，明确要求并按照这个方向协助讨论进行。不要参与讨论，不要超时，一旦超时将会占用大家高效冲突的时间。如需做出决定，首先明确影响决定的相关因素，是否所有人都需要投票决定或需要借助外界意见，还是说在各方表态后，由一人最终定夺。

梳理与集中。请大家梳理思路，重点关注可以带来价值的想法。不要把时间浪费在一味地赞同他人。“我要找的是不同的观点和新的思维方式，如果你同意其他人的发言，不必再浪费时间重复。”要记住，冲突回避型的团队最喜欢其乐融融的交流，逃避有挑战性的冲突局面。你需要做的是把无意义无穷尽的赞同声音切掉，替换成有意义的争论。

重复强调基本规定。如果你们团队已经花时间讨论出基本规定（我也推荐大家这样做），请在会议开始再强调其中最重要的几点。“我提醒一句，大家都承诺我们今天要从积极的假设出发，争取高效冲突。”

拒绝被动攻击行为。在会议开始时明确表明，问题应该在会议解决，而不要拖延到会议结束后。这并不是一个安全失败机制[①]，但如果在会议一开始就准备讨论棘手问题或者有争议的事

---

① 指尽可能立刻暴露问题并停止整个操作。——译者注

项，并请大家坦诚地分享观点的话，就有可能让冲突在谈判桌前解决，而不是留给大家在走廊中去议论。

留出 10% 的时间做总结。常常有团队的会议进展得非常顺利，却因为最终没有统一意见而导致前功尽弃。建议在会议开始前预留出 10% 或者必要时预留出更多的时间进行总结，提前设定好闹钟。规定当总结时间开始时，还未来得及发言的人可以安排到下次会议中继续。“我知道还有几位同事还没来得及发言，我们是否可以通过邮件后续沟通或者专门安排时间再继续讨论这一话题？”这种方法似乎很不近人情，但相反的结果就是之前投入在会议中的 90% 的时间和努力，会因为没有及时落实和总结而功亏一篑。意见不统一将会为将来棘手的冲突埋下伏笔。

回顾各项任务，重申讨论结果。对于每个事项，重申讨论的目的、已做出的决议、下一步的计划、负责人以及计划的详细时间安排等。做好准备，重申以上事项时你会发现成员之间还有很多信息不一致的地方需要再度重申，甚至需要专门召开会议讨论。

就需要讨论的话题达成一致。很多时间，哪些话题需要讨论，哪些需要避开，往往是由个人谨慎决定的，这不仅会让成员间意见冲突，也会让团队中的冲突隐藏更深。作为领导者，你可以先规划出需要大家讨论的重要议题，规定好需要发表意见的成员。另外同样重要的一点，规划好哪些话题暂时不需要讨论，讨论时间等待之后通知。

对自己的表现做出评价。最后利用会议结束前的一分钟时间评价自己的表现。“我们今天表现怎么样？有没有合理利用时间？有没有把精力放在正确的关注点上？有没有取得理想的结果？有没有遵循基本的原则？”不需要给每人发一份 72 道小题的调查问卷，只是快速地请大家回顾一下会议，哪些方面需要提高，如何能培养起更好的习惯，等等。

表达感谢。如果想要培养起大家的冲突习惯，每次会议结束前抽出几分钟强调一下团队中的好的转变。比方说：“感谢大家能够开诚布公地参与这一棘手话题的讨论中，感谢各位的真诚发言。”或者：“刚才的讨论非常热烈，感谢大家能够积极参与，主动地表达自己的观点。”

培养习惯需要投入时间和精力，特别在培养打破原有模式的习惯时更是如此。每天做一点微小的改变，明确期待，统一思想，挑战不同的意见，在问题爆发扩大之前，及时发现处理。每天多练习一点高效冲突，长久下去，我们就可以把低效低质冲突扔在身后。培养冲突习惯，先从小事做起。不要因为短时间内还未取得成效就沮丧，说不定身边比你更害怕冲突的同事，已经看到了你的进步。

本章小结

让冲突保持高效的最佳方法，就是将无伤大雅的小矛盾作为日常生活的一部分，通过这种方式让团队其他成员逐渐适应。

在处理新任务、新项目或面对新角色时，多花一点时间明确期待。

即使在日常对话中，也要随时表达异议，创造适度的矛盾氛围。

逐步提升自己给予反馈的能力，帮助同事了解到他们的行为在无意中带来的影响。

适当地运用幽默和暗号缓解紧张的讨论气氛，避免激发同事的防御心态。

就会议如何使冲突更高效这一问题设定目标，在每次会议的开始和结束的时间里多次强调。

后记

从令人头痛的战略妥协，再到鸡毛蒜皮的私人恩怨，团队中有各式各样无法避免的冲突。为了使团队正常运行，你需要一一解决。向冲突逃避举手投降，或者任由这些事项堆积，都会引发冲突债务，阻碍公司的发展，影响团队的进步，使你精神崩溃。你需要做的是直面冲突。培养高效的沟通渠道，培养与其他同事的紧密关系。以创新的思路寻求解决方案，即使无法满足所有人的需求，但至少是尽了你能力范围内的最大努力。你值得在这样一个优秀的团队中工作：在高效冲突的帮助下，决策明智，关系紧密，工作环境积极向上。现在你知道了，良性冲突会给你带来你应得的良好团队。

彩蛋

将良性冲突应用于家庭关系中

2004 年春天，我坐在一名心理学家的办公室里，身份是一名患者，而非咨询师。我的丈夫克雷格坐在我的对面，而我们的咨询师坐在和我俩成直角的位置。办公室的书不多不少，既体现出主人博学多识，又不会太过张扬。而且看上去，这些书主要是供他阅读使用，并非用于装饰。每一件家具各司其职，非常舒适，边边角角还有一些磨损的痕迹。总之，整间办公室给人的感觉是，所有的东西都物有所用，没有一件是用来装门面的。桌面上的纸巾盒摆放得恰到好处，虽然不是摆放在中心位置，但是一眼就能看到。整间办公室里最令人注目的摆设就是那个巨大的时钟了——提醒着我预约时间只有 50 分钟，必须在这期间让我的婚姻生活有所进展，要么就继续回到一个人的独居状态。

心理咨询师办公室里的装潢其实和我们的婚姻关系不大，最重要的问题在于我们两个都不知道如何争吵。我之前提到过，我的原生家庭中没有争吵，我从来没有在家中见过任何冲突，因此也理所应当地认为这就是完美婚姻的样子（我父母的婚姻维持了60 年）。而在克雷格的家庭中，争吵可能会随时爆发，且发展过激，或者变成个人攻击。我们两个人都不知道良性冲突应该是什么样子的。我们都不想伤害对方，结果却将双方之间的矛盾越埋越深。我们的婚姻处于冲突债务中。

我始终记得等待每周的谈话治疗时所经历的既期待又担心的心情。克雷格会到地铁站来接我，然后两个人一路沉默地开车到心理医生的办公室。我们一般会在停车之后先去一趟星巴克，主要是让自己在充满焦虑的咨询过程中，手里能握着点什么。每次在谈话的过程中我们都轻轻慢慢地讲，好像小声倾诉的困难就没那么难了。50 分钟一到，当咨询师充满遗憾地说时间差不多了时，我们都觉得确实取得了一些进展。而当走出办公室的一瞬间，我俩又重新陷入沉默的僵局，又开始用下一个七天为下次的见面搜集话题和谈资。我和克雷格也会聊一些基本的生活琐事（我们当时有一个孩子），都是简单的对话，比方说："晚饭吃什么？"或者"基拉的背包在哪儿？"而关于其他重要的事情，大家又都闭口不谈。

我们都很擅长冷战，甚至可以几天不和对方交流。而每次想要打破僵局的时候，都会心照不宣地做出一个小动作，当两人中其中一方（我们俩轮流担当这个角色）气消了想与对方和解时，就会简单地说一句：“你想喝茶吗？”这已经成为一种模式。之所以这样问，是因为当时在研究生时期，有次我开车送克雷格回家后，他邀请我去喝茶，这是他对我感兴趣的信号，所以喝茶这个动作也把我们带回了当时无忧无愁的幸福时光。茶是停战的象征，虽然不能彻底解决问题，但好过坐以待毙。为了重回健康的婚姻关系，我们需要冲破愤怒、沉默的圈子，停止冷战，开始解决问题。

几个月过去，我发现其实我们从未长大，我们才刚刚学会如何争吵，如何有效地争吵。回顾过去，我们两个就像没有学会如何爬行的孩子一样。虽然咨询师教授的都是基本的知识，但我们之前却对此一无所知。在某次咨询结束之后，我和克雷格一路聊着天回了家，并且发现在不去咨询的时间里，也能聊一些日常的话题。最终，谈话疗程终于帮我们解决了最难攻克的问题。我永远不会忘记那天，S 医生坐在椅子上，看着我俩共同努力解决问题时，他说：“合作解决问题时的你俩真是太棒了，如果一个人过的话，你们肯定都很煎熬。”这么多年了，这句话一直不假。

如今，独处的时候我们仍然很煎熬。虽然从性格上来说，我和他都是冲突厌恶型，但现在，双方都在努力地及时处理冲突，不再像之前一样堆积冲突债。就像团队中随时都会有冲突一样，家庭生活也是如此，带着两个女儿的生活更是给了我很多的锻炼机会！

2017年的母亲节。克雷格早早起床去参加家附近一年一度的10公里公路赛，他跟我打过了招呼，我也乐得慵懒地穿着睡衣直到他回家。我承认在心里偷偷期待着女儿们能蹦上床，向我表达爱意。但是克雷格在出门三个半小时之后才回来，我坐在电脑前，而孩子们仍然在睡觉。克雷格试着喊她们起床，但她俩似乎完全没意识到今天是母亲节。我幻想中的完美母亲节落空了，心情越来越糟糕。

我没心情在床上吃早餐，也没心情去本地的烘焙店享用一顿早午餐，只是灰心丧气地把贝果扔进烤面包机，并在一旁开始自怨自艾。没过多久我意识到，自己难道不正是和大多数人一样，从未把期待与家人分享，却埋怨他们没有按自己期待的去做。我在第9章中谈到过这一点——情人节效应，现在我又在以亲身经历证明着，母亲节同样适用。我对自己很生气，于是决定出门散散步冷静一下。

散步确实对我帮助很大，是的，帮助我哭了出来。虽然遇到朋友时很难跟对方解释为什么哭肿了双眼，但所有的母亲都会对这种情况表示理解。散步回来之后，我感觉好多了，但其他家庭成员还是一脸忐忑。显然，我还没跟大家说我出门散步是为了纠正自己的错误，而不是她们的错。孩子们都很沮丧，因为没有人告诉她们妈妈的期待是什么，因为妈妈生气了，而爸爸因为妈妈生气所以他也生气了。克雷格因为孩子们没有做出行动表示而生气，也因为我小题大做而生气。整个家里一片混乱。我们决定一起出门走走，但紧张情绪还是没有得到化解，在这种情况中，整理情绪要比一家人简单地待在一起更有必要。

今年，克雷格早早对我说要提前和孩子们沟通好我对母亲节的要求。我对孩子们说，我不需要礼物，也没有什么具体的想法，我只想感受到来自她们的爱和感激。而在母亲节这天，这也正是我内心的感受。在克雷格的帮助下，孩子们用自己的方式向我表达了爱意。当我们真诚地去沟通时，一切都好了起来！

与伴侣的高效沟通

适用于职场中的良性冲突原则，同样适用于家庭中最为亲密的伴侣之间。生活中充满了各式各样的挑战，每一个挑战都需要在经历了艰难的决定和冲突之后才能解决。我们每周去同一家餐厅，因为它既舒适又让人放松，还是应该尝试不同的口味呢？我们应该及早攒出房子的首付，还是应该在要孩子之前多多旅行，享受生活呢？我已经准备好退休，但他还想继续工作……我们应该怎么做？以上任何一个问题如果没有得到妥善解决，都将为以后的愤怒和对抗埋下伏笔。冲突债给亲密关系带来的危害并不会比工作少。

明确预期

母亲节的故事展现了如何在家庭中运用冲突法则——适时提前设定期待。第一步需要做的是知道什么对自己最重要。听起来好笑，但事实上很多时候我们并不知道是什么让自己开心、难过或沮丧。如果你自己都不了解自己的情绪，又怎么能指望伴侣知道呢？我发现，旅行能够让人想明白什么样的情景会触发什么样的情绪。每当我和这些隐藏的情绪作对时，我都会与克雷格分享。虽然有时候我的猜测并不准确，但是这能帮我们找到负面情绪的源头，从而避免引发冲突。

接纳冲突

正如有时候冲突能够让工作更为高效，它也可以促进双方关系的进步。有些冲突是良性而健康的。比方说一对夫妇，其中一方的性格非常随性，而另外一方则热衷于做计划。而当随性的史蒂夫妮想起来去缴供暖费，但严谨的弗兰克这时却刚好忘记的时候，良性冲突就发生了。再比方说，爱好存钱的一方和及时享乐的一方之间的小矛盾有时候也是好事。再比如，乐观派与悲观派、冒险家与保守者、探险家和宅人……关键在于双方应该主动就差异进行沟通，尊重彼此的观点，努力保持双方之间的平衡。有时候这代表着认同伴侣的需求，鼓励对方根据自己的意愿去追求，不必为你而迁就。

按照规则去争吵

在明确预期和接纳冲突之后用，你已经能够避免大部分的冲突，而一些无法避免的矛盾也已无伤大雅。但有时仅仅这些还不够。生活中还有很多棘手难缠的事情，它们往往让人陷入严肃的冲突对抗中，其中最为关键的是确保我们所面对的是良性冲突。要做到这点，首先你需要以积极的心态展开对话，把重点放在这段关系的价值、把问题成功解决的重要意义以及你坚信两人合作可以攻克这关的决心。你可以试着这样说："能够一起商量今年旅行的目的地，这对我非常重要。抱歉我之前的心态没有放开，我这次一定会努力找到令大家都满意的解决方案。"

事实上，人们开启冲突的方式，与自身婚姻的健康程度紧密相关。由西比尔·卡洛雷和约翰·戈特曼组织的一项研究中，研究员可以通过聆听夫妻双方的争执而判断出其离婚的概率。[16] 不可思议的是，他们只需要三分钟就能分辨出哪些夫妻能够继续在一起、哪些会分开，区别就在于冲突是如何开始的。那些能够维持婚姻的夫妇，更倾向于在冲突开始时保持积极的心态。虽然随着争吵不断白热化，双方难免会逐渐消极，但未离婚组的夫妇在消极的情绪中也保持了积极心态。戈特曼实验室的另一份研究显示，良性的婚姻冲突中的关注点更为具体（"今年的假期你又想去你父母那里"），而并非把重点放在对对方性格的攻击（"你就是自私，从来都不会考虑我的感受"）。[17]

当身处在冲突中，一定要认真倾听对方，并及时反思你所听到的内容。努力认可对方的观点，能够保证双方的争执不会达到爆炸点。在对方表达意见之后，按照你的理解再把对方的观点陈述一遍，之后再说出你的想法。比方说："你不喜欢去我父母家度假，是因为路途遥远。你希望能在假期里多多放松，我理解。

我真的不想错过家庭的传统安排，我们两个能不能想出一个折中方案？”这其实是第 6 章当中提到的“两个事实”这一技巧。伴侣想要放松，你想参加家庭传统活动。基于这两个事实，你们可以有多种解决方案：两个人分别为彼此妥协一年，假期之后再多休假一段时间，选择不太忙时再去看望父母，或者把家庭传统和你们的度假安排结合在一起，等等。认同对方的观点非常重要，能够将双方敌对的争吵状态转换到双方合作的解决问题状态。

最后，在任何长期的亲密关系中，人们常常落入思维的陷阱，认为自己了解对方的所思所想，甚至在不经意间开始给对方贴标签。不论是对同事还是对伴侣来说，这都是一种冒犯他人、让人气愤的行为。与对方结婚并不意味着你有权利去评论对方的为人，并且，如果你一遍遍地对他说你很无聊、自大或者你不善于理财，对方很可能就慢慢地变成了你口中的消极样子。既然妻子已经因为玩游戏而骂过自己“冷漠”了，丈夫心想：“那我不如就继续玩下去好了！”你可以换一种角度，多强调你所欣赏的行为：“我喜欢你周日晚上陪我一起吃晚餐。”把目光放在积极的一面，如果有必要的话，多提醒对方你欣赏他的地方。

重新定义冲突

不要以“是否产生冲突”作为衡量你们关系健康与否的依据，多多关注冲突的质量吧。两人是否为了更好地满足对方的要求而坦诚地沟通呢？在处理棘手的问题时，你们是否向对方传递了积极信息，表示了对方对自己的重要性呢？在向对方描述这件事对你的重要性时，你是否也曾换位思考，去理解这件事对他的重要性呢？有没有更多地强调你希望对方去做的事情，而并非就对方的性格以偏概全、一概而论呢？如果是，那么冲突是在让你们的关系更紧密。

培养具备冲突韧力的孩子

在我人生的诸多角色中，最让我为之骄傲的角色是加拿大心理学基金会董事会成员。基金会成立了很多能够帮助儿童维持心理健康的项目，你可在心理基础网站上获得更多信息。拨款和捐赠让基金会维持正常运营，但我们最主要的收入来源还是一年一度的慈善早餐会，届时会有很多希望想要帮助我们的热心人士参加，前来聆听专家发言人就心理健康主题的热门话题进行的演讲。在去年早餐会的前一天，我们在认真挑选之后确定邀请的一位著名演讲嘉宾给主办方卡西·贝克曼打电话说自己身体不适，无法前往。为了临时给慷慨解囊的400位观众找到一个演讲嘉宾，卡西联系了我，问我是否愿意发言。“当然可以！”我非常乐意。在卡西终于不用担心演讲嘉宾之后，我问她：“是关于什么主题的呢？”随后我俩很快就想到：我应该和家长朋友们聊一聊教给孩子们冲突技巧的重要性。生活中将遇到很多压力，而冲突技巧则是应对压力的关键。

我才发现，在培养孩子如何应对人生中将面临的冲突时，家长、教育者和心理学家都有做得不到位的地方，就此我也有很多想要和大家分享。过去20年在董事会中的经历也让我明白，冲突技巧教育的缺席，将会给人的一生带来怎样的伤害。而在观察一些家长朋友的做法时，我却发现这一现象并没有在好转，而生活在彩色泡泡里的这一代人将会在进入职场之后举步维艰，而为了避免这种情况，我认为各位家长及相关的组织至少应在以下三个方面进行改进。

反馈

我们有责任教会孩子主动寻求反馈，并从中有所收获。他人的反馈是自我意识的重要来源，也是成长中最为关键的一部分。但事实上，过度保护的父母擅自屏蔽了很多负面反馈，大家都热衷于培养孩子的自尊、自信，所以不由自主地挡住了那些我们认为会伤害到孩子脆弱的自尊的评价。

问题在于，家长才是孩子们脆弱自尊的原因！建立在精心雕琢的童话般美好的反馈上的自尊并不是真实的自尊，真实的自尊是要通过脚踏实地的探索，了解自己的能力和局限。真正的自尊是在一次次冒险进取、一次次摔破膝盖、一次次自信心受挫之后愈练愈强的。只建立在积极反馈之上的自尊都是纸老虎。但对于儿童来说，找到真正有建设性的反馈并不容易，我自己深有体会。我的两个女儿都是颇具竞争力的舞蹈选手，没有比舞蹈界的反馈更让人迷惑的了。我还记得大女儿基拉有次获得了表演金牌，真让人惊喜万分！但随后我在活动介绍中看到，金牌只是排名第四位的奖项，上面还有高阶金牌奖、绿宝石奖和钻石奖。什么？！我甚至都不想提她们拿回家的那个五英尺高的第四名的大奖杯！

如果你想给孩子真实的反馈，最好是在家中。日托所可不是个好主意。我之前每周五都会从日托所拿回一大包艺术品（我对“艺术品”的定义比较宽泛）。其中有一件真是荒唐到让我至今印象深刻：一张红色的建筑用纸上画了一道紫色的线条。基拉当时还太小，不会自己签名，所以日托所的老师帮她写上了名字。我应该把这份巨作挂起来吗？如果每周都有20幅这样的作品，我大概需要一个卢浮宫一般大的家才能装得下。日托所负责教给孩子们珍惜自己的作品，却把处理废弃物的工作扔给了家长。

我后来找到了一个完美的解决方案。我的母亲给孩子们买了一个艺术品展示架挂在墙上，上面有九个挂钩，每个上面都可以挂一幅信纸大小的作品。每次拿回一包新的艺术品时，我会简单地问女儿们需不需要从袋子里拿出新作品把某一幅旧作品替换掉。当我在演讲中分享这个小技巧的时候，有位妈妈说她每次都是趁着夜色把每周装满了艺术品的袋子偷偷扔掉，希望孩子第二天不会发现，我评论说这是一种被动进攻型解决方式，孩子需要明白，并不是每一幅绘画作品都有收藏的意义。让家长们接受给孩子真实的建议比我想象的要难。

想象一下，如果你把孩子整个成长阶段的真实反馈都屏蔽掉，结果会如何？你要陪他们去上大学、去工作吗？如果没这个计划的话，你现在拼尽全力维护的这种脆弱而虚假的自尊，一旦失去你的庇护之后就会瞬间瓦解，它永远不会成为孩子的一部分，只是家长拿来保护孩子的假象："你已经尽力做到了最好的自己！！！"

当然我不是说要打击孩子的自尊，我只是建议各位父母以诚相待。当孩子向你寻求意见时（他们自然而然地想要听到别人的看法），坦诚地给出建议。以下是当我女儿麦克在向我朗读了她的演讲稿之后，我对她说的话："谢谢你愿意与我分享，你是怎么想要写这个主题的？我喜欢你这个开场——非常引人入胜，我一下子就在脑海中想象了出来。你是怎么想到的？但是在第一部分和第二部分过渡的地方，我有点没读懂，你可以把这部分再过渡得自然一些吗？"

她表示对我这个回答并不是很满意（实际上她的回答是"好吧"）。当然了，她所期待的我的第一反应是："天啊！这真是我听到的最精彩的演讲了！"但真实的反馈却是让她在与同学们分享之前再修改提升一遍。在孩子小时候就向他们传递这样的信息：父母非常爱你们，也是最愿意花时间和精力帮助你们提高和进步的人。教会孩子主动寻求有建设性的反馈，与之共处，最终从中有所收获。

练习冲突

大家在董事会中经常犯的一个错误是不知道如何进行高效冲突。有人大喊大叫，有人猛翻白眼，有人冷嘲热讽，有人窃窃私语，唯一缺少那些能够冷静而理智地把不同的观点放在桌面上讨论并努力解决问题的人。

其实在孩子的身上，在我们的教育方式上，这些错误早已有迹可循。对于这一点，我深感愧疚。在女儿还小的时候，她曾和我提过与其他小伙伴在游乐场玩耍的时候发生过一些不愉快。我当时下意识地给她的建议是："走开就好了。"虽然这句话在某些情境下可能是一个完美建议，但我很快意识到，自己正在教孩子去避免冲突，而不是直面它。

所以在下一次她和我提到类似的情况时，我纠正了自己之前的做法。"我刚才和萨拉吵了一架，因为她玩捉迷藏的时候作弊了。"

"那你发现的时候是怎么跟萨拉说的呢？"我问她。

"我跟她说我们已经说好了，球场不算在游戏范围内，所以她不能去。"

"她怎么说呢？"

"她捂住耳朵不听我说。"

"你觉得怎么做能缓和与萨拉的关系呢？"

她想了想。"萨拉每次说话的时候都需要先想一想。有时候我会问老师能不能让萨拉帮我们解决问题。"小女儿麦克在这类事情上总是很有想法。

我鼓励她下次再碰到类似的情况，在苗头出现时就要及时制止。“下次在制定游戏规则的时候，怎么做才能避免这种情况发生呢？”我能看出来麦克真的在努力地想办法，她很努力地想解决这个问题，还跑来告诉我其他的朋友都和萨拉不一样，问我能不能帮她解决与萨拉之间的冲突。

我告诉她冲突是正常的，需要直面冲突，敞开心扉，真诚地去思考如何解决。我的目标是让萨拉不会厌恶冲突。当冲突发生时，大喊：“欺负人！”并不会带来什么帮助，孩子们需要学会区分正常的良性冲突和有害的霸凌事件，需要学会自己处理这些游乐场上的常见事件。

你可能会说我作为家长对冲突太过敏感。不如我给大家讲一个真实而荒唐的例子吧。我的一个朋友回老家过圣诞节，遇到了自己的表姐，她正在为家里 18 个月大和 9 个月大的孩子找保姆。她希望能够找到一个遵循她冲突预防机制（只要爱，不要战争）的人。她在家里设置了一个带防护栏的玩耍区域，每次只能有一个孩子在里面，两人不能同时进去玩耍，因为可能会打架。如果受环境所限两人必须在这一区域中共处时，必须安排一个大人在旁随时监督。天啊！告诉我什么时候这些孩子才能学会良性冲突。这个故事中最恐怖的点在于，这位母亲还是位老师！究竟会有多少孩子从她这里学会对冲突的恐惧？

学会感受不安

如果说，我合作过的团队中的人们有什么共通的问题，那就是大家都在抗拒不安的感觉。一旦有什么可能带来不安的事，人们会以光速逃跑。这一问题的根源还来自童年。

我们一直在教孩子避免不安。几年前，在读四年级的大女儿的班级里来了一位年轻的新老师，对那些调皮的孩子采取了非常严格的管理办法。没有交作业的同学，就要面临不许下课这样的惩罚。家长们并未觉得应该让自己的孩子来承担没完成作业的责任，反而强迫老师建了一个网站，每天在上面发布作业任务，家长们登录网站帮孩子查看作业。甚至这样还不够。新老师在任教六周之后，被迫被家长赶出学校，禁止她在数年内回来任教，说她“不适合这里”。其实家长们真正想说的是，我们不想让自己的小宝贝受委屈！

后来，这一学年剩下的教学任务都是由其他老师轮流完成的，家长们纷纷对这样的安排表示不满（当然了，他们肯定不会承认这场闹剧的始作俑者正是自己）。这样的状况其实和真实世界很接近了，于是我和基拉聊了聊如何给新老师留下好印象，这个技巧她在一个学年当中应用了六次，我相信基拉已经能够熟练地在今后的人生中运用了。

严肃点来说，焦虑就像传染病一样在孩子们之间盛行，儿童心理学处理焦虑症的频率甚至已经超过了多动症。具体来说，焦虑症是如何以及为何成为一种流行趋势，还有待科学界和医学界来研究，但很显然，在压力出现时家长一味地保护孩子的做法，不会对孩子有任何帮助。

作为家长，我们有义务教会孩子如何生存，我们有义务向孩子传递这样的信息：人生本来就是充满着挑战，让人感到焦虑。如果家长总是避免让孩子接触这样的世界，终将毁了他们未来的人生。

作为家长，我们教孩子如何处理金钱。他们会收到零花钱，然后按自己的想法消费。但家长并没有教会孩子如何避免冲突债。即使拿到了家长给的金卡，孩子们仍然不知如何使用。教孩子们如何去合作、妥协、发生冲突吧！人生在世，这些技巧总会用得到。没有教会我们如何实现基本沟通、如何应对冲突的课堂，并非真正的人生课堂。

志愿者团队

我之前提到非常享受在慈善董事会工作的经历，接下来我想和大家分享的是在志愿者机构工作中一个不太好的发现：这里可能是被动攻击型冲突的培养皿。很多人都跟我提到，在志愿者机构里工作所要面对的冲突比带薪工作中的还要多。本以为当志愿者可以让人从日常工作的压力中松口气，没想到却要面临比正常工作中更多的压力。这真是一个让人感到羞耻、亟须改变的事实。

高忍耐度

很多朋友和客户都对自己所在的志愿者团队给予了相当程度的忍耐。你也是吗？如果是的话，是什么让你选择忍耐呢？最常见的答案是，志愿者所做的事如此伟大，让人忽略了团队内的冲突和低效工作。你会想，癌症太可怕了，癌症患者要忍受很多痛苦。一个小小的团队矛盾，在这么重要的事情面前也不算什么。

你大概会这样劝自己，大家都是在无偿地贡献出自己的时间帮助别人，不应该再要求别人以怎样的方式去工作，眼前的一些小冲突和坏行为还是忍了吧。你会想，凯伦每周都慷慨地牺牲自己周末的时间来敬老院帮忙，就算她没有遵守规则，我又能抱怨什么呢？有句老话特别适合招聘志愿者时的情景：“叫花子不能挑肥拣瘦。”

志愿者工作的另外一个问题是缺乏高效的领导力。或许你的团队中就缺乏一个能够设立高标准的领导者。很多志愿者组织的领导人不知道如何去调动员工，大家都是随便找一个任务就开始干。而事实上，其中很多工作都是互相脱离的。重要的部分反而被忽略，或者大家重复地做一份工作，手忙脚乱。缺乏领导力会严重影响志愿者团队的工作效率。

人们选择忍受志愿者组织中低效混乱的工作的原因有很多，比如这项事业非常重要、志愿者们都很热心，或者缺乏领导力，等等。我来告诉你为什么不应该忍耐。首先，你在做的事情非常重要，很有意义。你需要在【】（此处填入重要的事项）之前将工作推上正轨，取得一定的进展。团队失败的后果不敢想象，你不能再放任流言肆虐，最后让几个拍板者决定该做什么事。事业越重要，你越需要尽快把问题提上桌面，尽快解决。

另一个你不能再继续忍受混乱的工作状态的原因是，你也在无私地牺牲自己的时间，这本来是你的休息时间，你本可以用来和家人一起放松、锻炼或者尽情地看电视剧的时间。不能再让本应用来放松的时间再给你带来更多的压力。志愿者工作应该是充电时间，让自己振作起来，而不是被无谓地消耗。你需要健康而高效的冲突。

最后，如果志愿者团队中没有强大的领导者来解决问题的话，你需要自己为了一个更高效的团队而做出努力，明白吗？所有你用来逃避志愿者团队中冲突的借口，都恰恰是你需要去改变它的理由！还好，你现在可以用这本书里面所有的冲突技巧和工具去帮助志愿者团队做得更好！

达成一致

问对问题。就需要做的事情（以及不在你们权力范围内的事情）在团队中达成一致。你可以这样问：“我们努力完成的最重要的事情是什么？”“我们能从这件伟大而重要的事情中分享出哪些个人力量？”“为了把注意力放在正确的地方，我们应该拒绝哪些要求？”具体来说，你们是募捐组织，还是倡议组织，抑或是关照护理组织？明确自己的定位，想要做到全能是不现实的。

公益团队很容易出现范围蔓延，也就是说似乎任何事都值得去做，不知不觉地都放在了团队的待办事项中，团队的力量在这个过程中被逐渐稀释。认真与队员们就关注点的问题进行讨论。如果有的人的目标已经偏离了团队的重点，请他去到别的团队。比方说：“这个组织的核心是帮助解决儿童的心理健康问题，患有严重心理疾病的儿童会面临很多问题，更不用说成年人了。我相信如果大家把关注点放在儿童心理干预上的话，我们一定会有所收获的。”

该做与不该做的

尽管在达成一致之后，范围蔓延还是无法避免。你需要开诚布公地与团队沟通，什么事情要做，什么事情可以略过。切记要让行动符合团队的使命，严格按照优先级排序去执行，这也就意味着一定要明确团队不需要做的事。比方说：“我们的第一要务是帮助无法自助用餐的老人进食，第二要务是陪陪老人，和他们聊聊天。最近合作机构提出要求让我们为老人提供日常个人护理。虽然很希望帮忙，但我担心这份好意可能需要很多时间，导致无法为后续的老人提供协助进食的服务，同时也加重了团队的负担。因此，我建议对合作机构的这一要求予以否决。”根据我的经验，这样做一定会引发冲突，但如果能好好沟通，高效冲突肯定是符合你所在的团队和社区的利益的。

反馈

不能因为身处公益组织就放弃给予反馈。其他团队成员不能因为自己提供的是无偿服务就可以以低效率工作。当有人在会议上占据了太多时间、注意力放错了重点或者他们对待你的方式让人感到不适时，及时地提出意见。

注意提意见时保持冷静、友好的态度，直接点明。“在今天的委员会会议当中，你用了20分钟去讲烘焙促销，占据了我本来要介绍深水炸弹游戏的时间，现在我不得不和每一个委员会成员私下沟通，效率低了很多。下次能不能快点讲你自己的项目，为其他的话题多留出一些时间呢？”

在志愿者团队中创造高效冲突是很有难度的。对公益事业的贡献让你忍耐着自己的努力被浪费。即使其他的队员能力不足或竞争力不够，但你还是会感谢他们的无私付出。在没有强有力的领导的情况下，你还是拼尽全力。但这些理由也正是你为什么要担起责任，为了一个更有活力更高效的团队去努力的原因。统一目标，集中精力，明确规定职责范围。你值得拥有更好的团队！

其他事项

不管是和同事还是伴侣，不管是教育子女还是做志愿者工作，如果能在以上四个领域中熟练运用高效冲突，你基本上已经可以应对生活中的大部分场景。虽然这么说，但在其他的情况下，你可能还是需要面对自己的冲突债。或许童年与兄弟姐妹之间的竞争仍然让你无法忘怀？或者爸爸真的喜欢弟弟多一些？或许妈妈在因为你没有常回家看她而生气。抱歉，家庭中的冲突债就是这样，一代一代地往下传（至少金钱债务在欠债人那里就停止了）。当妈妈在遗嘱中明显偏袒了别人，当家里的房子留给了其他继承人，你和妈妈的冲突就会转移到你和其他兄弟姐妹上，从而让你的孩子和舅舅、阿姨以及表兄弟姐妹之间的关系受到影响。主动解决家庭冲突非常重要。

需要良性冲突的不仅仅是公司，人活着就需要良性冲突！在舞蹈教室、足球场等地方，冲突无处不在。但不管冲突在哪里发生，这些规则都同样适用。化解冲突首先要明确期待。当别人说了或者做了什么惹怒了你，记得冷静而友善地告知对方。在解决问题之前，先试着努力聆听并思考对方的观点。与冲突相处的关系越好，它对你产生的负面影响就越小。冲突发生时，及时解决，永远不要让冲突债成为你的困扰。

致谢

我要感谢在写作过程中所有帮助我的人，你们也同时打造了全新的我。

致我的客户，你们可能在书中读到了熟悉的案例。非常开心，也非常荣幸能够与你们一起工作，多亏了你们，我才拥有了这世界上最为有趣的工作。

致所有的你们，帮助我把客户们的故事变成了精彩而有说服力的书。

首先，感谢出版社，是你们让这一过程如此精彩。杰西·福克斯坦，感谢与你相识。阿曼达·李维斯，你是最棒的编辑，感谢你让这本书变得更好。皮特·库丁，感谢你把我的想法都变成实实在在的文字。安妮梅尔·谭普曼·库利特，感谢你帮助我与全世界分享这些想法。感谢卡布瑞尔·那斯特，感谢你让这一切如此顺利。

伊丽莎白·玛莎，遇见你真幸运。你太能干了，你的见解、智慧还有你的鼓励，让这本书最终变成我期待的样子。每位与你合作的人都应该倍感幸运。

致英雄公共演讲（Heroic Public Speaking）的艾米和麦克，是你们让这些想法逐渐长大。感谢你们组织的这个精彩论坛，让充满着热情的人们可以互相沟通、学习和成长。致各位工作人员，包括厉害的麦克·卡尼莫还有精彩的 A. J. 哈珀，感谢你们愿意听我这个疯女人一直不停地说："这个世界需要更多冲突！"感谢我的导师——安东尼奥，是你让我安心做一个人形鲱鱼[①]。感谢我的后勤人员——约什、约翰、姆哈穆德、艾略特、简、克雷、卓依、梅丽莎、苏珊·M.、安，还有所有 HPS 研究生院的人。

感谢我的研究助手凯特·戴维，感谢辛西娅技术（Cynthia Skilling）对 U 型和防水布工具的绘图协助。

我还要感谢所有给过我勇气和信息的社区和组织，是你们让我相信可以改变世界。

致 Speak&Spill 社区和我们的灵魂领导者斯考特·斯特登，

---

① 一种万圣节礼服，正面是工作装，背面是派对装。——译者注

感谢你们。当我决定自己独立时，我以为再也不会融入同样的社区中。很开心我当时想错了，每次与 S&S 的交流都让我收获良多，也感受到了你们的支持。我想对着蒙特西多的伙计们大喊。（“我要羽衣甘蓝凯萨比萨和九份脆皮鸡，谢谢！”）特别感谢我们的领导，米奇·约翰。也感谢 SHIFT 小组的约翰森·蓝皮和劳拉·加斯纳·奥丁。

感谢我的演讲小组的团队成员，感谢 Speakers’ Spotlight 的马丁和法拉，你们是这一行最优秀的人才。感谢布莱斯、凯里、丁戈特和整个 Speakers’ 团队。期待我们未来有更多合作。

感谢劳夫·舍德斯凯与我的持续合作，感谢善良的塔米、杰西卡和鲍勃（萨拉·斯卡英顿和曼迪·麦当劳）。

感谢我的妈妈，永远做我最有力的粉丝（也是最棒的校对员）。感谢基拉和麦克，这本书中很多的经验都是你们教会我的。你们待人处事的想法源源不断地给我灵感。对，我确实欠你们的，好的，我们可以去纽约玩了。

最后，千言万语化成一句，感谢你，我的丈夫，我的合伙人，克雷格·爱斯登。你是最棒的伙伴，感谢你的研究、你的见解、你的指导、你的支持，最最重要的，感谢你的陪伴。我已经对接下来的旅程充满期待。

附录 1

如何使用 U 型表格

请在 LianeDavey.com 网站中书籍菜单栏点击“GoodFight”，下载 U 型表格。有三级和四级两种不同的版本可选，你可以根据自己所在部门具体的层级数量选择适合的版本。如果你是一线管理者（有普通员工向你汇报），使用三级 U 型表格；如果你距离普通员工有两级或两级以上的汇报距离，选用四级 U 型表格。

我们将 U 型表格从水平方向上划分为不同的层级，用来代表公司中的不同职级。在 U 型表格中间的横线上，按照公司内职级从上到下的顺序标注名称。之后将所有位于你之上的团队（你的领导带领的团队）名称写在表格的最上方。如果你选用的是四级 U 型表格，在第三级以下的位置，标注你的直接汇报人所带领的团队。表格最下方的“执行层”需要填入的是实际执行工作的普通员工姓名。

将所有的 U 型表格填写完成之后，我们就可以开始了。

U 型表格中的三个部分分别代表的是工作的三个阶段。最左侧代表的是不同层级在**规划及分配任务**这一阶段需要做的内容；最下方代表的是在**起草及编辑**这一阶段的工作。最右侧代表的是在**审核与管理阶段**所需的工作。

方格 1：你的团队在规划及分配任务阶段的贡献

我们首先从第一个方格（左侧第二格）开始。这一部分代表的是团队在规划及分配任务阶段需要做的工作。U 型表格的作用是帮助你的部门以更高效的方式运营，所以这一部分需要填写的是你在这一阶段应该**创造的价值，而非已经创造的价值**。图 A.1 是一个区域领导团队已填写完成的 U 型表格样表。

图A.1

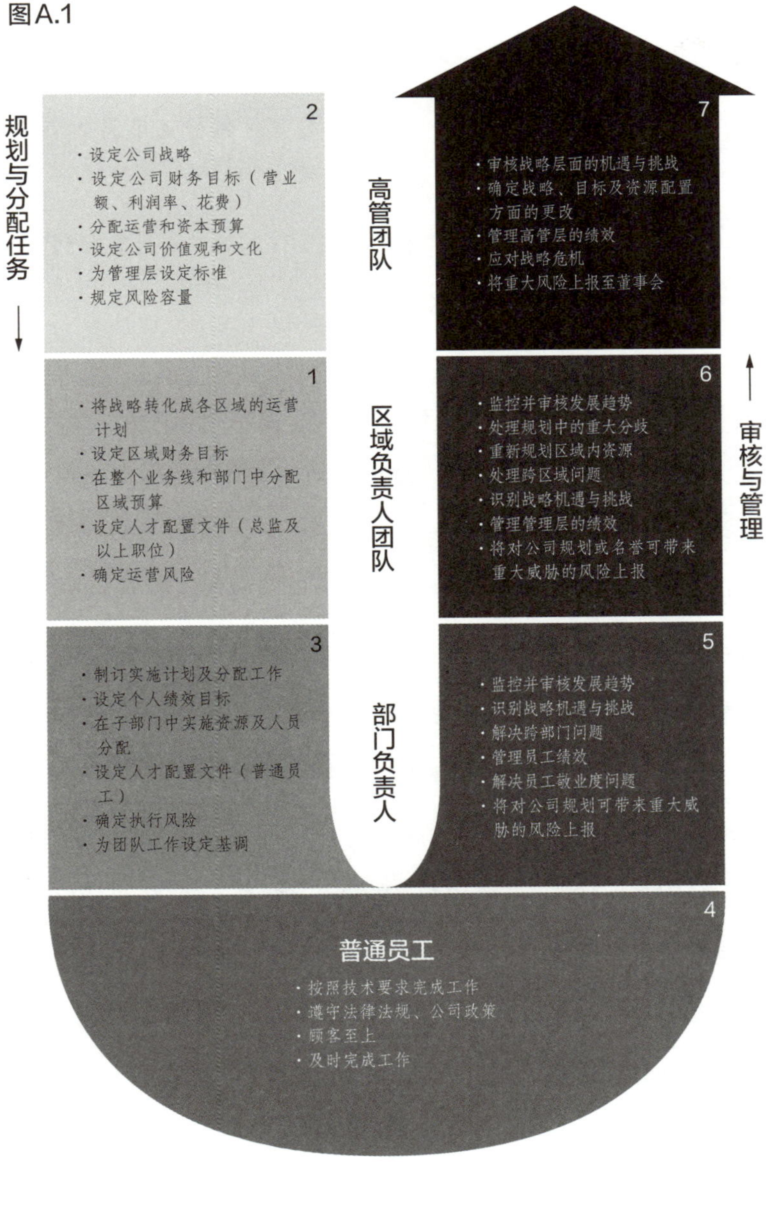
规划与分配任务
2
·设定公司战略
·设定公司财务目标（营业额、利润率、花费）
·分配运营和资本预算
·设定公司价值观和文化
·为管理层设定标准
·规定风险容量
1
·将战略转化成各区域的运营计划
·设定区域财务目标
·在整个业务线和部门中分配区域预算
·设定人才配置文件（总监及以上职位）
·确定运营风险
3
·制订实施计划及分配工作
·设定个人绩效目标
·在子部门中实施资源及人员分配
·设定人才配置文件（普通员工）
·确定执行风险
·为团队工作设定基调
高管团队
区域负责人团队
部门负责人
4
普通员工
·按照技术要求完成工作
·遵守法律法规、公司政策
·顾客至上
·及时完成工作
5
·监控并审核发展趋势
·识别战略机遇与挑战
·解决跨部门问题
·管理员工绩效
·解决员工敬业度问题
·将对公司规划可带来重大威胁的风险上报
6
·监控并审核发展趋势
·处理规划中的重大分歧
·重新规划区域内资源
·处理跨区域问题
·识别战略机遇与挑战
·管理管理层的绩效
·将对公司规划或名誉可带来重大威胁的风险上报
7
·审核战略层面的机遇与挑战
·确定战略、目标及资源配置方面的更改
·管理高管层的绩效
·应对战略危机
·将重大风险上报至董事会
审核与管理

你要和团队以及你的直接汇报人共同回答以下问题：

1．在任务的初始阶段，团队能做出哪些特有的贡献？

2．哪些事项是需要我们决定之后其他部分才能开始着手做的？

3．我们怎样提供信息，才能确保工作的第一步进展顺利？

4．我们如何确保每个人都能成功？

你的答案中可能会出现不同的主题。从战略和规划的角度思考。CEO 将制定公司的整体战略，员工将负责具体工作的执行，其中，你的团队将扮演怎样的角色？假设你是零售供应链公司的区域经理，你的团队将负责整体的产品策略并根据自身的区域特点进行修改。假设你是税务总监，你的团队将负责把整体的财务策略翻译成适用于不同国家的税务规定。在敲定方格 1 的内容时，你需要了解有哪些决议是团队需要你来制定的。

除了战略和规划之外，方格 1 中还需要填写其他内容。比如资源分配——有哪些与资源相关的决议是需要你制定的？预算决议是否应该在达到你这一层级之前制定好？你的预期是什么？比如，要实现哪些目标、数量标准或者之前制定的 KPI，等等。如果由你做出的决议可以影响员工和企业文化，也将之囊括在方格 1 当中。在你的 U 型表格中写下你的答案。

在完成方格 1 之后，就你的团队应在规划及分配任务阶段做出哪些贡献，你应该大概有 10 个想法。在这一部分，你写下的答案越详细，就越能帮助你明确期待。

方格 2：你需要从上级获取的支持

接下来，在方格 2（左侧第一格）当中填写你的上级可以为你做出的支持。再次强调，这里需要填写上级应该做出的支持，而不管其是否已经落实。方格 2 中还需填写上级领导应为你所在的层级做出的决议。

回答以下问题：

1. 为了执行计划，我们需要上级制定哪些决议？
2. 为了做出明智的决定，我们需要哪些信息？
3. 为了了解情况，我们需要哪些资源配置？
4. 上级在对成功做出预期时，考虑了哪些因素？

在填写方格 2 的内容时，请从不同的角度思考。哪些战略决议是需要你的上级来制定的？哪些目标是由上级制定，但任命你去执行的？哪些决议是需要由上级制定，你才能开展自己的工作的？把所有相关的决议记录下来，包括一些在你权力范围之外的内容，例如预算分配、人员管理、奖励机制、风险偏好以及其他你能想到的内容。

关于名词和动词的提示：

不用担心，这不是语法测试。只是提醒大家注意在各个方格中所使用的名词和动词。虽然同一个主题会贯穿整个表格，但是在公司内不同的层级中，具体的动词和名词的使用会有所区别。比方说战略主题，高管们负责敲定公司的愿景和策略，下一级领导负责确定各个部门的战略，再往下一级，各个部门在制订战略计划的时候所选用的名词就会发生改变。而在员工的层级，公司战略就变成了具体的工作目标。在U型表格范例中你可以看到，某个议题是如何一级一级地发生变化的。比方说，“战略”这个词一般会出现在U型表格的顶部，随着层级不断下沉，之后出现的是“运营风险”和“绩效目标”。

同样地，U型表格中也可能会反复地出现某一个名词，但所搭配的动词会有所区别。高层管理级可能会使用“设想”，再往下可能会使用“打造”“协作”或者“监督”。选用恰当的词语能帮助你更好地表达自己的想法。

方格 3：下放权力（仅适用于四级 U 型表格）

第三个方格中需要你填写希望直接汇报人团队能做出的努力。鼓励团队成员在这个方格中尽可能多地补充内容。很多领导团队的部分决议权应该适度下放。再次重申，关注点不要放在已经做出的努力上，而是要填写你希望他们做出哪些努力！

回答以下问题：

1．哪些决议是应该由我们团队制定的？

2．哪些资源配置是我们可以放心下放的？

3．哪些信息是需要我们提供给普通员工的？

4．为了让普通员工成功完成任务，我们需要提供哪些协助？

在完成了方格 1—3 之后，你已经成功地把对不同层级的规划和任务分配方面的期待表述清楚。你大概也注意到，在其中几个点上自己的表述更偏向于启发性，而非具体描述。别担心，这正是练习的意义！每当你发现了该做的事情没做，或者该做的事情却被安排到了错误的层级去执行，这正是帮助提高部门效率的好时机。继续加油！

方格 4：优秀的工作应该是什么样的

在完成了 U 型表格左侧的三个方格之后，换一下思路，接下来需要做的是描述优秀的工作应该是什么样的，可以从任何对公司或团队有意义的角度出发。一普通员工需要从上级对优秀工作的预期中明确自己努力的方向，但这一步却往往被很多管理者忽略。

回答以下问题：

1. 我们对工作质量的基本要求是什么？

2. 我们希望工作在被提交之前就具备什么样的特点？

3. 有哪些问题是我们在质量检验的时候发现，但希望能够在工作一开始就避免的？

4. 哪些问题或者情况出现时，普通员工应该及时上报给管理者？

第 4 个问题非常关键。尽管方格 4 中的大部分内容是我们希望员工应该做到的，但更重要的是明确哪些问题我们不希望员工独自解决，明确应及时上报的内容是我们做好风险管控的重要一步。比方说，作为呼叫中心的管理者，你可能会列出一个合格的客服电话应包含哪些内容（例如，您好，感谢对方选择我们的服务，对客户账单的回顾，等等）以及哪些问题是不希望客服代表自主处理的（例如，客户威胁要取代公司在某地的业务）。尽可能详细地表述对高质量工作的要求。

方格 5：第一级质量检测

在右侧的表格中，你需要规定出不同的层级在审核与管理阶段应做到的，以及你希望他们自主处理的事项。除此之外，为了明确各层级的任务界限，你也需要规定在何时以及何种情境下应及时将情况上报。

方格 5，也就是位于右侧倒数第二个的方格，规定的是你希望各级管理者应该在他们进行质量检测时所做出的贡献，并列举出所有应该在这一层级就得以解决的问题。

回答以下问题：

1．在起草阶段，第一级管理者应注意哪些问题？

2．如果起草的方案没有问题，还有哪些努力是管理者自己应意识到，并去做的？

3．哪一类问题是你希望他们能独立解决的？

4．哪一类问题是我们希望第一级管理者及时上报的？

另外一种可能会引发冲突的情况是，员工希望能够得到来自上级的肯定和奖励。在很多情况下，即使工作已经完成得很好，但如果有更多的背景知识或相关经验的话，工作质量还可以再进一步提高。因此，如果能将一部分的内容在U型表格中表示清楚，我们能够在一开始就明确预期，避免因为未给出员工所预期的反馈而引发冲突。事前沟通总好过事后通知。

方格6：你在评价过程中的努力

右侧最上方第二个方格中是在工作审核与管理完成之后你需要做的工作。与右侧所有的方格一样，这里也规定了哪些内容是超出了你的职责范围，应该上报给上级领导的。

回答以下问题：

1．除了管理者的努力之外，哪些工作需要我们再补充？

2．借助我们对公司有更深入的了解，还可以补充哪些有洞察力的观点？

3．哪些问题是应该由我们这一层级解决的？

4．哪些问题是我们应该上报给上级的？

方格 7：决议

表格最上方的一栏填入的是在你完成本层级的工作之后，还需要上一级补充的内容。其中包含了所有不在你职权范围内的决议。这一部分的内容能帮助你把时间和精力更多地放在自己能力范围内的工作。

回答以下问题：

1．对于我们能力范围之外的工作，上级能给出哪些帮助？

2．什么类型的问题或担忧应报告给上级？

3．哪些决议是在我们的权力范围之外的？

好了，就是这样！你已经完成了 U 表格。现在好好地利用这个工具吧！（具体范例详见第 7 章）

附录 2

如何使用防水布工具

使用防水布工具可以帮你厘清跨部门团队中的多个利益相关方，明确什么才是正常、健康、有建设性的团队冲突，以及各方以最佳状态各司其职时的工作状态。

请前往作者网站，根据自身团队中实际的绳子数量下载防水布工具的模板。为了确定需要多少根绳子，请将团队成员总数减 1（代表团队领导）。比如，你有 8 位团队成员，那么你需要 7 根绳子的防水布。

如果团队中有两位或多位成员的职责类似，比方说，有两位或多位同事负责同一区域，或者两位及以上同事同为商业伙伴，在这种情况中你可以视他们为同一个角色（同一根绳子）。

在确定了防水布工具中的绳子数量后，我们就可以开始了。

你可以参考已完成的图 B.1。注意：防水布工具并不仅仅用于跨部门团队。如果你所在的团队和其他团队之间有冲突，也可以使用防水布工具，将自身团队视为一根绳子，而其他团队为另外的绳子。比方说你负责的是某个业务部门团队，除了本部门之外，其他人力、财务、合规和市场部可以分别作为不同的受力绳。通过考虑自身团队的立场，以及其他团队的出发点和利益点，能够帮助你和其他合作伙伴之间产生更多的高效冲突。

图 B.1

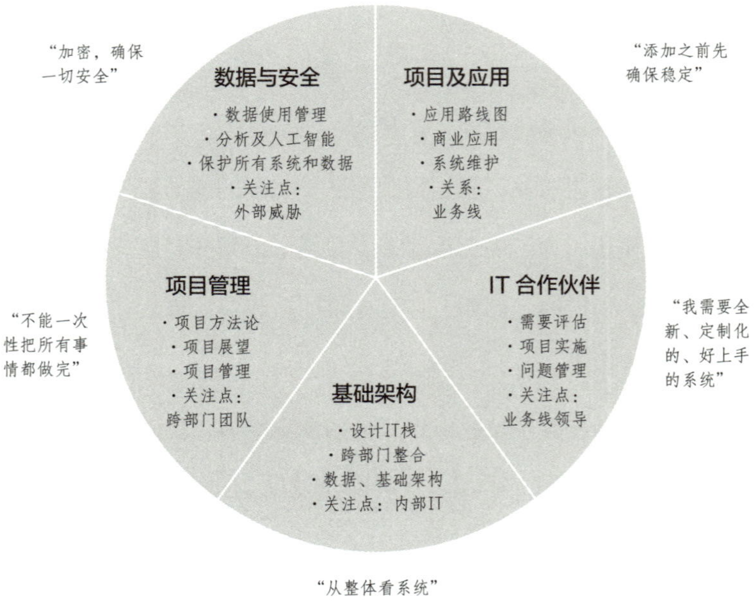

第一步，将防水布模板中的各个模块以各部门在团队中的名称命名（如果涉及的是与其他团队的关系，把其他团队的名称放在模块中）。之后选择一个幸运儿回答以下问题：

1．你所在的位置为团队带来了哪些独特的价值？

2．从团队利益出发，他们承担了哪些工作？

把你自己的答案写在防水布工具相应的模块中。

我们以图 B.1 中的 IT 部门为例。IT 部门负责人所带领的团队包括两位 IT 业务伙伴和四个主要业务：基础框架、系统和应用、隐私与安全、项目管理办公室。首先从 IT 业务伙伴开始。团队认为 IT 伙伴的作用是确保基础框架和系统这两个环节可以满足业务线的需求。他们虽然不是系统设计专家，但是负责企业中系统的具体事实。IT 合作伙伴同样还是员工和 IT 主要业务之间相互联系的纽带，及时地反映问题或提出对新系统或新工具的需求。所以在 IT 业务伙伴的防水布模块中，我们应该填入“实施、问题管理、需求评估”。

接下来，确定每个岗位是否有需要考虑到的利益相关方，将最为重要的利益相关方写在每个角色所对应的防水布模块中。其中有些相关方可能来自公司内部（员工、董事会、管理层）而其他相关方则是公司外部人士（供应商、顾客、经销商）。很多低效冲突的起因都是出于团队成员仅从自己的核心利益相关方的视角出发，并没有尝试从多角度去看问题。明确与自身所在职位密切相关的利益相关方能够避免看问题的时候视角狭隘，也能让团队在做决议时考虑多方观点。

对于 IT 业务伙伴来说，他的主要利益相关方是自己支持的业务线负责人。作为业务部管理团队的一员，IT 伙伴会从业务发展的角度看问题，他会考虑如何让技术成为一个战略优势，以及技术是如果影响部门的运营的。所以我们会在防水布模板中的 IT 合作伙伴这一模块加上：“关注点：业务线领导”。

最后，思考一下如何为各条绳子命名。绳子能够很好地描述出各个角色之间的矛盾。有时候我会把各个角色比喻成提线木偶，当捆绑住他们的线被拉动时，这些人也会随之而动。就像电影《玩具总动员》里面的胡迪，当人们扯他线的时候他会说：“飞向天空！”或者“我的靴子里有条蛇！”我知道大家都不会像胡迪一样这么有预见性，但我相信大家肯定知道这一职位最关心的是什么。什么是他们的咒语呢？

拿 IT 业务伙伴举例。在一桌 IT 领导者面前，IT 业务伙伴一般会推荐更新、更好、更能完美契合他们业务发展需要的系统。但数据架构师所关心的往往是能够联结所有业务部门的通用基础架构，IT 业务伙伴推崇的往往是只适用于自己部门的系统，所以在他们的绳子上你需要写："更定制化"或者"更多工具"。

当第一条绳子完成时，下一步是选择经常与这条绳子发生冲突的另一根入手。把这一职位放在之前模块的对面，然后再重复刚才的步骤，填写独有价值，之后为第二条绳子写标签。

再回到 IT 部门的例子中。在处理主要业务部门时，冲突也就更明显了。IT 合作伙伴关注的是系统能带来的最大商业价值，所以一般会推崇抓人眼球的新玩具，而主要业务部门关注更多的则是成本、稳定性和安全，他们更希望花里胡哨的东西少一点。难怪 IT 领导团队中会有冲突了。

按照你自己的习惯来处理接下来的防水布模板，包括独特价值、核心利益相关方、引发矛盾的绳子上的标签，等等，逐步厘清团队中的所有角色。

复习你所学到的

1. 为了实现团队输出最大化，你认为各个团队应该如何去做？

2. 对于每个角色（或团队）应贡献出独特的价值，你怎么看？

3. 为什么总是和某一个人或某一个职位产生冲突？你有没有曾经顿悟过其中的原因？对于其他岗位的重要性，你有没有新的认识？

4. 在完善防水布模板中，有没有哪个方向突然卡住了？可能是什么原因呢？为了团队的利益，你应该如何去调整之前不平衡的状态？

5. 有没有哪个方面你没有顾及？在讨论中有没有哪个问题或哪个利益相关方是被你所忽略的？如果在防水布模板中去改进这一点呢？

6. 作为团队领导者，你如何处理这种情况呢？你如何确保自己兼顾了各方平衡，并为团队规划了最优发展路线呢？

参考文献

1 Wolff-Mann, E. (2016, February 9). "The Average American Is in Credit Card Debt, No Matter the Economy." *Time*. Retrieved from http://time.com/money/4213757 /average-american-credit-card-debt/.

2 An alarming study of 8,000 managers from 250 companies reported in the *Harvard Business Review* revealed how rare it is for organizations to have clear priorities that they act upon. Only 11% said their strategic priorities had the resources they need for success, while 51% said they could secure resources to pursue opportunities outside the strategic objectives. The study also revealed that organizations aren't agile in the face of shifting priorities. Only 30% of managers reported that funds are shifted across units to support strategy, while even fewer (20%) reported that people were shifted across units. Sull, D., Homkes, R., and Sull, C. (2015, March). "Why Strategy Execution Unravels—and What to Do About It." *Harvard Business Review* 93, 3: 58-66.

3 Botelho, E.L., Rosenkoetter Powell, K., Kincaid, S., and Wang (2017, May-June). "What Sets Successful CEOs Apart." *Harvard Business Review*, 95, 3: 70-77.

4 Adkins, Amy. (2016, January 13). "Employee Engagement in the U.S. Stagnant in 2015." Retrieved from https://news.gallup.com/poll/188144/employee-engagement-stagnant- 2015.aspx/.

5 Howatt, B. (2015, July 16). "The Long-Term Costs of Not Resolving Workplace Conflicts." *Globe and Mail*. Retrieved from https://www.theglobeandmail.com/report-on-business/careers/leadership-lab/the-long-term-costs-of-not-resolving-workplace-conflicts/ article25527147/.

6 Padgett, S., and Notar, C.E. (2013). "Bystanders Are the Key to Stopping Bullying." *Universal Journal of Educational Research* 1, 2: 33-41.

7 Asch, S.E. (1951). "Effects of Group Pressure upon the Modification and Distortion of Judgment." In Guetzkow, H. (ed.), *Groups, Leadership and Men*. Pittsburgh, PA: Carnegie Press.

8 Gelfand, M.J., Keller, K., Leslie, L.M., and De Dreu, C. (2012). "Conflict Cultures in Organizations: How Leaders Shape Conflict Cultures and Their Organization-Level Consequences." *Journal of Applied Psychology* 97, 6:1131-1147.

9 Williams Woolley, A., Chabris, C.F., Pentland, A., Hashmi, N., and Malone, T.W. (2010, October 29). "Evidence for a Collective Intelligence Factor in the Performance of Human Groups." *Science* 330, 6004: 686-688.

10 De Dreu, C.K.W., and West, M.A. (2001). "Minority Dissent and Team Innovation: The Importance of Participation in Decision Making." *Journal of Applied Psychology* 86, 6: 1191-1201.

11 Hansen, M.T. (2018). *Great at Work*. New York: Simon and Schuster, 185.

12 Pettigrew, T.F. (1979). "The Ultimate Attribution Error: Extending Allport's Cognitive Analysis of Prejudice." *Personality and Social Psychology Bulletin* 5, 4: 461-476.

13 Festinger, L. (1957). *A Theory of Cognitive Dissonance*. Palo Alto: Stanford University Press.

14 Gazzaniga, M.S. "Your Storytelling Brain." Big Think. Retrieved from http://bigthink .com/videos/your-storytelling-brain-2.

15 Merriam-Webster Online. "Habit [Def. 2]." (n.d.). Retrieved from http://www.merriam-webster.com/dictionary/habit.

16 Carrère, S., and Gottman, J.M. (1999). "Predicting Divorce among Newlyweds from the First Three Minutes of a Marital Conflict Discussion." *Family Process* 38, 3: 293-301.

17 Lisitsa, E. (2013, March 13). "Predicting Divorce from the First 3 Minutes of Conflict Discussion." The Gottman Relationship Blog. Retrieved from https://www.gottman.com /blog/the-research-predicting-divorce-among-newlyweds-from-the-first-three-minutes- of-a-marital-conflict-discussion/.